David Wilkerson

Erweckung auf dem Broadway Band 1

cmf

Verlag C. M. Fliß
Lütt Kollau 17, 22453 Hamburg

1. Auflage 1998
Originaltitel: Revival on Broadway!
Übersetzung: Dr. Friedemann Lux
Satz: Convertex, Aachen
Umschlag: Image-Design, Landsberg
Druck: Printed in Germany

ISBN 3-931188-26-4

Soweit nicht anders vermerkt, wurden die Bibelzitate der Lutherübersetzung 1984 entnommen. Weitere verwendete Übersetzungen: Elbf. = Revidierte Elberfelder Übersetzung, Hfa = Hoffnung für alle.

INHALT

Vorwort 7
1 Das Priestertum Zadoks 9
2 Hol Christus in deine Krise hinein! 21
3 Am richtigen Ufer? 34
4 Die goldene Königin 45
5 Kämpfen und gewinnen 55
6 Wenn ich mir keinen Rat mehr weiß 66
7 Die salomonische Kirche 78
8 Gott über-erhört Gebet 89
9 Meines Angesichts Hilfe 100
10 Das Handtuch nehmen 112
11 Die Josefsgemeinde 124
12 Wie geduldig sind wir? 135
13 Wann wollten Sie das letzte Mal aufgeben? 147
14 Vom Schlaffie zum Kämpfer 159
15 Das Evangelium der Gnade 171

VORWORT

Es ist mir eine Freude und ein Vorrecht, meine in der Times Square Church in New York gehaltenen Predigten einer großen Leserschaft in den USA, ja in der ganzen Welt zugänglich zu machen.

Die in diesem Buch gesammelten Predigten haben sich als besonders segensreich erwiesen, wenn man den zahlreichen Zuschriften und Zeugnissen unserer Leser glauben darf. Die typischste Reaktion war: »Wir warten sehnsüchtig auf jede neue Predigt ... Fast immer bestätigt sie das, was Gott mir gerade sagt ... Dort, wo ich wohne, hört man das echte Wort Gottes fast überhaupt nicht. Ihre Botschaften sind das einzige richtige Brot, das wir zu essen bekommen ...«

Ich hoffe, daß die folgenden Predigten in der Tat geistliches Brot für den hungrigen Leser sind. Er sollte jedoch nicht mehr als ein oder zwei Kapitel pro Tag lesen; das Gelesene will gleichsam Bissen um Bissen und betend verdaut sein, und der

Leser sollte den Heiligen Geist bitten, es seinem Herzen und Sinn aufzuschließen.

Sorgen Sie dafür, daß Sie dieses Buch stets griffbereit haben, besonders in Zeiten, wenn das Leben schwierig wird. Einige der Predigten sind Mutmacher für solche Lebenskrisen. Lesen Sie sie bei Bedarf ruhig mehrmals; Sie werden merken, wie Sie jedesmal neue innere Kraft und Ermutigung bekommen.

Möge der Heilige Geist Ihnen die Augen öffnen, damit Sie Gottes Wort stets zur rechten Zeit verstehen lernen.

DAVID WILKERSON
Times Square, New York City

Kapitel 1
Das Priestertum Zadoks

Furchtlos gegen die Sünde

Im ersten Buch Samuel lesen wir, wie ein namentlich nicht genannter Prophet mit einer furchtbaren Botschaft zu Eli kommt. Dieser unbekannte Mann verkündete eine gewaltige Prophezeiung – ein Gotteswort, das bedrückend aktuell ist und ein unbestechliches Licht auf die heutige religiöse Lage wirft mit ihren geistlich toten, vertrockneten, gottlosen Pastoren und Kirchen!

Diese Prophezeiung sagte zwei Arten von Priestern voraus, die es von jenem Tag an bis zum Ende der Zeit geben würde. Beide würden in der Gemeinde dienen, aber die einen als ein Fluch und eine Schande, die anderen als Priester nach Gottes Herz.

Der unbekannte Prophet sagte Eli: »Siehe, es wird die Zeit kommen, daß ich deinen Arm und den Arm des Hauses deines Vaters abhauen will, daß es keinen Alten geben wird in deinem

Hause« (1. Sam 2,31). Mit anderen Worten: Er sprach einen Fluch über den Dienst des Eli aus.

Doch dann fuhr er fort: »Ich aber will mir einen treuen Priester erwecken, der wird tun, wie es meinem Herzen und meiner Seele gefällt. Dem will ich ein beständiges Haus bauen, daß er vor meinem Gesalbten immerdar einhergehe« (V. 35).

Diese Prophezeiung der beiden Priestertümer erfüllt sich heute vor unseren Augen. Überall auf der Welt finden wir sie nebeneinander, diese beiden Arten von Priestern!

Als erstes erwähnt der Prophet das Wirken einer Priesterschaft, die sich um sich selbst dreht, ihrem Herrn abtrünnig geworden ist und faule Kompromisse schließt. Es sind Priester, die den gleichen Geist haben wie Eli; der Prophet nennt zwei Merkmale:

1. Solche Priester wollen vor allem den Menschen gefallen, und nicht Gott. »Warum tretet ihr denn mit Füßen meine Schlachtopfer und Speisopfer ...? Und du ehrst deine Söhne mehr als mich ...« (V. 29).

Eli schloß seine Augen vor der Sünde. Er traf nie Entscheidungen, die seinen beiden Söhnen weh getan hätten. In seinen über fünfzig Dienstjahren rügte er sie nur ein einziges Mal. Sie hatten Vergewaltigung und scheußlichste Unzucht begangen – und selbst jetzt war alles, was Eli zu ihnen sagte: »Warum tut ihr solche bösen Dinge?« (1. Sam 2,23). Dieser Mann kannte keinen Zorn des Gerechten! Gottes Haß gegen die Sünde war ihm fremd. Eli steht für den Typus des Pastors, der sich nicht traut, die Gemeinde, die Familie Gottes, zurechtzuweisen.

Es gibt heute Kirchen, in die man ein ganzes Jahr lang gehen kann, ohne ein Wort der Ermahnung zu hören. Da geht es drunter und drüber in der Gemeinde: eine Ehescheidung und ein Ehebruch nach dem anderen, Teenager, die wahllos »herumschlafen«, rotzfreche Kinder. Da kann die ganze Gemeinde nur noch Vergnügen und Unterhaltung, Unterhaltung und Vergnügen im Kopf haben – aber von der Kanzel kommt kein Wort der Korrektur. Der Pastor dreht sein Fähnchen ganz nach den Schwächen und Süchten seiner Leute. Er hat Angst, es mit jemandem zu verderben – Angst, daß die Kollekten weniger werden und er womöglich seinen Job verliert.

Dies also ist das erste Merkmal des korrupten priesterlichen Dienstes, der sich in Elis Seele breitgemacht hatte – und das Merkmal der Gott ungehorsamen, faule Kompromisse schließenden Pastoren heute!

2. Diese Priester schauen auf ihre eigenen Bedürfnisse und nicht auf das, was ihre Gemeinden brauchen. »... daß ihr euch mästet von dem Besten aller Opfer meines Volkes Israel« (V. 29).

Wenn die Menschen damals ihre Fleischopfer zum Priester brachten, wurde das Fleisch zunächst gekocht, worauf der Priester einen dreigezackten Spieß in den Topf stieß; was an dem Spieß hängenblieb, landete auf seinem eigenen Tisch.

Aber Elis Söhnen war das gekochte Fleisch nicht gut genug; sie wollten die rohen Filetstücke. Und sie brachten sie ihrem Vater, und so wurde Eli fett, faul und unbekümmert. Hätte er seine Söhne zur Rede gestellt, hätte er womöglich nicht mehr sein Filet Mignon bekommen ...

Elis Sorge galt vor allem seinen eigenen Interessen, seinem eigenen Tisch. Genau dies geschieht auch in vielen sterbenden Kirchen heute: Anstatt für die Seelen ihrer Gemeinde auf den Knien zu liegen, interessieren sich viele Prediger nur noch für sich selber, für ihr eigenes Wohlergehen. Was sagt denn der Prophet hier? »Eli, du drehst dich nur um dich selber, du polsterst dein eigenes Nest! Für dich bedeutet der Priesterberuf nur noch gutes Essen auf dem Tisch und Sicherheit für dich und deine Familie. Die Gemeinde ist dir eigentlich egal. Dich interessiert mehr, was auf deinen Tisch kommt, als was in die Herzen der Menschen kommt. Du hast noch nie darüber nachgedacht, wie sehr du mit deinem Egoismus und deinen Kompromissen Gottes Namen in den Dreck ziehst. Was geht denn vor in den Menschen, die zuschauen, wie deine Söhne das beste Opferfleisch stehlen? Du läßt Sünde durchgehen und hast Angst, etwas zu sagen – weil du nur an deine Bequemlichkeit denkst!«

Der Prophet verkündet ein dreifaches Gottesgericht über diese Art von Priestern

Jeder sogenannte Pastor, der so wie Eli ist – der Kompromisse schließt, Sünde durchgehen läßt und nur an sich selber denkt –, steht vor einem dreifachen Gericht:

1. Er wird seine ganze geistliche Kraft und Autorität verlieren. »Wer aber mich verachtet, der soll wieder verachtet werden. Siehe, es wird die Zeit kommen, daß ich deinen Arm und den Arm des Hauses deiner Vaters abhauen will ...« (1. Sam 2,30-31).

Von Gott »verachtet« werden – das bedeutet, daß ich Gottes Gunst und Segen verliere. Es bedeutet, daß ich nichts mehr ausrichte gegen des Reich des Satans. Solch ein Pastor kann bei den Menschen hochangesehen sein, aber in Gottes Augen ist er ein geistliches Federgewicht, jemand, dem Gott nicht sein Vertrauen schenkt.

Gott sagte Eli: »Du verachtest mich, indem du nicht meinen ganzen Ratschluß predigst. Du bist kein Mann des Gebets. Dir geht es nicht um mein Volk, sondern nur um deinen Erfolg und guten Ruf. Du willst nur, daß die Leute zu dir kommen. Du hast mein Wort gering geachtet – gut, jetzt achte ich *dich gering! Mach nur weiter so – in meinen Augen bist du verachtet!«*

Dieser Entzug von Gottes Segen läßt den Eli-Priester alleine dastehen mit seiner hektischen Geschäftigkeit – lauter Werken des Fleisches, die äußerlich nach Reichsgottesarbeit aussehen, aber die Gott nicht mit der Kneifzange anrührt. Es ist ein bloßer Leerlauf – von Gott verachtete Projekte von von Gott verachteten Pastoren!

2. Gottes wahre Salbung und Segen wird an diesen Priestern vorbeigehen. »Und du wirst deinen Feind im Heiligtum sehen, bei allem, was der HERR Gutes tun wird an Israel« (V. 32 Elbf.). Mit anderen Worten. »Wenn ich meinen Geist ausgieße, werdet ihr in Ruinen dastehen!« Genau dies geschieht heute in Amerika: Pastoren stehen in Kirchen, die tot, vertrocknet, am Ende sind. Gott hat zu ihnen gesagt: »Ich werde an euch vorbeigehen!«

Diese Priester werden in den Ruinen ihrer Kirchen stehen, während Gott eine andere Priesterschaft segnet und salbt – Männer Gottes, die den Preis gezahlt haben. Heute, in diesen letzten Tagen, fällt vor unseren Augen Gottes Segen auf die, die ihm ihr Leben völlig übergeben haben. Sein Geist ergreift diese betenden, furchtlosen Menschen. Aber an den Nachfolgern Elis geht Gottes Geist vorbei und läßt sie weiter ihre Kirchenspiele spielen. Gott sagt ihnen: »Eure Augen werden verschlossen sein vor dem, was ich tue. Ihr werdet nicht zu meinem heiligen Rest der letzten Tage gehören. Ihr seid verachtet; ihr werdet euren Betrieb abspulen, ohne echte geistliche Vollmacht zu haben.«

3. In ihren besten Jahren wird Gott seine Hand von ihnen abziehen: »Aber aller Nachwuchs deines Hauses soll im besten Mannesalter sterben« (V. 33 Elbf.).

Dieser Vers ist zweifach zu verstehen. Erstens erfüllte er sich wörtlich, als Saul durch Doeg 85 Priester, die Nachkommen Elis waren, töten ließ (1. Sam 22,16-19). Aber der Vers hat auch eine geistliche Bedeutung. Er besagt, daß diese Art Priester bis zu einem gewissen Punkt ganz gut aussehen wird. Sie werden aktiv und vielbeschäftigt sein. Aber just dann, wenn sie eigentlich auf dem Höhepunkt ihrer Energie, Kraft, Weisheit und Heiligkeit stehen und am meisten für Gottes Werk taugen sollten, wird es zu einem geistlichen Tod kommen; Gott wird sie verlassen! Auf der Höhe ihres Lebens werden sie auf einmal wie Tote vor den Menschen dastehen!

Aber die vielleicht tragischste der Prophezeiungen dieses unbekannten Gottesmannes war, daß diese abgefallene, verwässerte Priesterschaft nie ganz von Gottes Altären entfernt werden wird. Ihr böser Dienst wird bis ans Ende weitergehen: »Trotzdem soll deine Familie nicht ganz aussterben: Manche werden noch vor meinem Altar dienen, dir selbst aber bleibt nur Trauer und Leid« (V. 33 Hfa).

Gott wird sie nicht ganz abschaffen! Verwässerte, vom Geist verlassene, innerlich tote Gottesdiener wird es bis zum letzten Tag, wenn Christus wiederkommt, geben. Aber, so sagt Gott: »Was für ein Leid werden sie bringen; sie werden Grund zum Trauern sein.«

Doch jetzt will ich Ihnen eine andere Art Priester zeigen

In 1. Sam 2,35 fährt der Prophet fort: »Ich aber will mir einen treuen Priester erwecken, der wird tun, wie es meinem Herzen und meiner Seele gefällt. Dem will ich ein beständiges Haus bauen, daß er vor meinem Gesalbten immerdar einhergehe.«

Dieser heilige Dienst ist das Priestertum des Zadok. Es besteht aus treuen, heiligen Dienern Gottes, die nach seinem Wille leben. Solche Priester gibt es bis zum heutigen Tag!

All das, was dieser unbekannte Prophet vorhersagte, entfaltet sich voll im Königtum Davids. David ist ein Vorbild auf Christus, und Israel auf die Gemeinde. David hatte zwei Priester, bei denen sich diese beiden Prophezeiungen buchstäblich erfüllten: Abjatar und Zadok. »Auch sind die Priester Zadok und Abjatar mit dir« (2. Sam 15,35).

1. Schauen wir uns zunächst Zadok an

Der Name *Zadok* bedeutet »einer, der sich als gerecht erwiesen hat«. In 1. Chr 12 wird berichtet: »Dies sind die Männer, die zu David nach Ziklag kamen ... und Zadok, ein junger streitbarer Held, mit seiner Sippe, zweiundzwanzig Hauptleute ...« (V. 1.29). Zadok war der erste junge Priester, der erkannte, daß Gott David gesalbt hatte.

Von überallher kamen Männer zu David, um sich ihm anzuschließen. Zadok erkannte, daß Gottes Geist Saul verlassen hatte und daß sein Königtum nur noch Fassade war, bloßes geschäftiges Menschenwerk ohne Gottes Berufung und Segen. Zadok sagte: »Damit will ich nichts mehr zu tun haben. Sauls Dienst ist tot, Gott hat ihn verlassen. Ich gehe zu David, dem von Gott Gesalbten!«

Und so ging Zadok nach Ziklag, um sich David anzuschließen und ihm für den Rest seines Lebens treu zu bleiben. Durch alle Tiefen und Aufstände hindurch stand Zadok, der Gerechte, zu David. David hatte das Herz dieses Priesters erobert, und Zadok schaute nie mehr zurück.

Gott sei gedankt: Auch heute gibt es auf vielen Kanzeln solche Diener Gottes – Männer des Gebets, die dem Fleisch, der Welt, der Entertainment-Kultur den Rücken gekehrt und sich Jesus hingegeben haben. Man merkt das, wenn man sie predigen hört – etwas in unserer Seele öffnet sich.

Als andere David verließen, blieb Zadok treu. Als David auf der Flucht vor seinem aufständischen Sohn Absalom zum Bach Kidron kommt, heißt es: »Und siehe, Zadok war auch da ... Und Abjatar ...« (2. Sam 15,24).

Man beachte: Zadok und Abjatar blieben bei David. Beide waren am Kidron bei ihm, und beide gingen auf seinen Befehl zurück nach Jerusalem. Während Absalom öffentlich mit den Nebenfrauen des Königs schlief und ganz Israel eine Orgie der Bosheit feierte, standen zwei heilige Männer in Gottes Haus: Zadok und Abjatar.

So ist es auch heute. Während die Welt in einem noch nie dagewesenen Rausch der Gemeinheit und der Sünde zur Hölle fährt, hat Gott immer noch seine treuen Diener an seinem Altar. Er hat nach wie vor Priester vom Schlage eines Zadok, die seinem ganzen Wort treu sind.

2. Und jetzt Abjatar

Der Name *Abjatar* bedeutet »Frieden mit Gott«. Zusammen mit Zadok brachte Abjatar die Bundeslade zurück nach Jerusalem. Er tritt uns hier als ein heiliger, hingegebener Mann entgegen, der David gegenüber völlige Loyalität beweißt. Er wollte nichts zu tun haben mit Absaloms Rebellion. Er diente so rein und kompromißlos wie Zadok.

Aber warum wird er in der Bibel später nirgends mehr erwähnt? Warum erwähnt ihn keiner der Propheten? Warum ist sein Name ausgestorben? Nun, etwas passierte. Plötzlich war Abjatar »verachtet«, und Zadok allein war das Beispiel des heiligen priesterlichen Restes. Warum? Weil in Abjatar der Geist Elis war! All die furchtbaren Voraussagen jenes unbekannten Propheten kamen auf Abjatar, und das sehr plötzlich.

Der Prophet hatte zu Eli gesagt, daß nicht alle seine Nachkommen ausgerottet würden. Abjatars Vater und 83 andere Priester wurden von Doeg erschlagen. Nur Abjatar entkam und schlug sich zu David durch – und der Priesterdienst, für den er stand, überlebte, wie in der Prophezeiung vorhergesagt.

Aber ebenfalls so, wie vorhergesagt, stürzte Abjatar – ein Nachkomme Elis – in seinem besten Mannesalter. Auf dem Höhepunkt seiner Segnungen ließ er sich vom Götzen des Erfolgs verführen – und verlor seinen Platz an der Seite des Gesalbten Gottes!

David hatte einen zweiten Sohn, Adonija. Der Name bedeutet »Erfolg und Wohlergehen«. Dieser junge Mann wollte »frischen Wind« ins Land bringen, indem er sich selbst zum König machte. Es war ein zweiter Aufstand – nicht ein Handeln Gottes, sondern eine neue List des Satans. Es war genau das, wovor jener unbekannte Prophet gewarnt hatte: Selbstüberhöhung und Erfolg! »Adonija aber ... überhob sich ...« (1. Kön 1,5 Elbf.). Es war der pure, egoistische Stolz. Adonija sagte: »Ich will König werden!«

Dieser junge Mann war nach dem Motto »nur nie tadeln« erzogen worden. »... sein Vater hatte ihm nie etwas verwehrt sein Leben lang, daß er gesagt hätte: Warum tust du das?« (V. 6).

Man beachte, wie alles, was jener Prophet vorhergesagt hatte, sich hier erfüllt. All die Merkmale, die für diese Art Priestertum charakteristisch sein würden, waren in Adonija vereinigt.

»Und er beriet sich mit Joab, dem Sohn der Zeruja ...« (V. 7). Adonija umgab sich mit unheiligen Menschen! Es war nicht *ein* Mann Gottes unter ihnen – nicht Zadok, nicht Nathan, keiner der Getreuen Davids (siehe V. 8). Die Bibel sagt uns, daß diese Verschwörergruppe sich bei dem Stein Sohelet traf; *Sohelet* bedeutet »Ort der Schlange«.

Dies war eine Gruppe selbstsüchtiger, erfolgssüchtiger, ihr Ich streichelnder Rebellen. Sie riefen: »Hier ist etwas Neues, etwas, das funktioniert! Fort mit Davids altem Kram, Gott schafft etwas Neues in diesem Land!«

Bis zu diesem Punkt war Abjatar David treu gewesen. Aber jetzt hieß es: »Leute, hier gibt es etwas Neues! Es tut sich was im Land, hier geht was ab!« Diese Parole packte Abjatars Herz – war hier nicht der sichere Weg zum Erfolg? Jetzt würde er wer werden können! Er hatte einen neuen Mann und eine neue Botschaft gefunden.

Ich komme mit vielen Menschen zusammen, die aus Orten in Europa, Afrika und Asien, wo die Kirchen sterben, zu uns nach Amerika kommen. Sie haben von einer neuen Welle in den amerikanischen Kirchen gehört und würden dies gerne auch in ihrer Gemeinde erleben; Gott macht etwas Neues – toll ...

Als ich einen Besuch in Übersee machte, sagte ich einem befreundeten Pastor: »Du und deine Frau, ihr wart früher ständig auf den Knien und weintet vor Gott. Darum war eure Gemeinde so gesegnet. Aber jetzt seid ihr so beschäftigt geworden, daß ihr Gott gar nicht mehr kennt!« Die beiden begannen zu weinen und bekannten: »Da hast du recht!« Aber anstatt Buße zu tun, kamen sie nach Amerika – auf der Suche nach einer neuen »Methode« für ihre Arbeit.

Das ist das Priestertum des Abjatar! Er verfing sich in einem fleischlichen, gottlosen Werk des Satans. Er traf sich mit den anderen am Stein des Satans, und sie aßen und tranken und riefen: »Lang lebe König Adonija!«

Als David von der Verschwörung hörte, rief er: »Holt mir Nathan!« Sehen Sie: Wenn Gott etwas tun will, das wirklich zählt für seine ewigen Pläne, ruft er die, die zu seinen engen Vertrauten gehören. David ist hier ein Vorbild auf Christus. Er sagte: »Vergeßt Abjatar, holt mir Nathan! Ich verachte Abjatar. Sagt Nathan, er soll die Posaunen und das Öl holen und Salomo zum König salben!«

Und so wurde Salomo zum neuen König gesalbt. Eine seiner ersten Maßnahmen war, daß er Schimi, der David verflucht hatte, tötete. Er nahm sich auch die übrigen Feinde Davids vor – und er ließ Abjatar kommen.

Erinnern wir uns? Der unbekannte Prophet hatte gesagt, daß das Priestertum des Eli niemals ganz aufhören würde. Salomo kannte diese Prophezeiung. Eigentlich hätte er Abjatar wegen Hochverrats hinrichten lassen müssen. Doch statt dessen sagt er ihm: »Du hast dich für Adonija entschieden und versucht, dieses Königtum zu Fall zu bringen. Dafür verdienst du den Tod. Aber ich werde dich nicht töten. Du hast die Bundeslade für meinen Vater David getragen und hast mit ihm gelitten, und deshalb will ich dich jetzt nicht töten. Und jetzt geh nach Anatot zu deinem Besitz. Du bist verachtet!«

Und so »verstieß Salomo den Abjatar, daß er nicht mehr Priester der HERRN sein durfte, damit erfüllt würde des HERRN Wort, das er über das Haus Elis geredet hatte in Silo« (1. Kön 2,27).

Sie sind immer noch unter uns, die Eli-Priester. Aber Gott sagt zu ihnen: »Geh, mach, was du willst. Ich verachte dich!«

3. Hesekiel verstand die prophetische Bedeutung dieser beiden Priestertümer

Zur Zeit Hesekiels gab es sowohl Priester wie Zadok als auch solche wie Abjatar, und genau wie der unbekannte Prophet sagte Hesekiel voraus, daß es beide als zwei Grundströmungen bis ans Ende der Zeit geben würde:

»... richte dein Herz auf den Zutritt zum Tempelhaus und auf alle Ausgänge des Heiligtums!« (Hes 44,5 Elbf.). Was sagte Gott Hesekiel damit? »Stell dich vor mein Haus und schau dir an, wer alles hineingeht und herauskommt. Sieh dir an, was hier alles vorgeht – es ist ein Greuel! Sie bringen Fremde in mein Haus, um es zu entweihen!«

So auch heute. Was heute in vielen Kirchen vorgeht, ist so scheußlich, daß Gott sagt: »Genug – das reicht mir!« Gottlose Pastoren haben Rock'n'roll, Entertainment, die gröbsten Dümmlichkeiten ins Haus Gottes geholt; sie haben Sänger engagiert, die Drogen und Alkohol konsumieren und rein nichts von Gott kennen. Diese Menschen stehen auf der Kanzel, und ihre Zuhörer merken gar nicht, was da vorgeht.

»Ihr habt nicht selbst den Dienst in meinem Heiligtum getan, sondern habt sie bestellt, um für euch den Dienst in meinem Heiligtum zu tun« (Hes 44,8). Mit anderen Worten: »Ihr habt Fremde hereingeholt, ihr habt mein Heiligtum Leuten anvertraut, die mich überhaupt nicht kennen.« Es waren Menschen, die nicht in den Tempel gehörten, Menschen, die böse, unheilig, noch ganz der Welt verhaftet waren. Gottes Haus wurde entehrt.

Und so setzte Gott eine Abjatar-Priesterschaft ein, um einem Volk zu dienen, dessen Herzen den Götzen zugewandt war. Diese Hirten hatten sich weit von Gott entfernt. Sie waren mit dem Geist Elis erfüllt und nur auf Ruhm und Erfolg aus – und die Leute wollten das so. Gott setzte götzendienerische Priester ein, um den Menschen das zu geben, was sie wollten. Er sagte: »Wie das Volk, so die Priester.« In Hes 44,14 lesen wir: »Darum habe ich sie bestellt, den Dienst an meinem Haus zu tun bei aller Arbeit und bei allem, was dort zu tun ist.«

Wie blind solche Pastoren sind! Gott sagt über sie: »Und sie sollen nicht zu mir nahen …« (V. 13). Sie stehen auf der Kanzel und sind verachtet von Gott, voll Egoismus und Selbstvergötzung, meilenweit von Gott entfernt. Aber sie tun ihren Job; sie predigen, lehren, geben Seelsorge, tun das, was man so von einem Pastor erwartet. Aber sie haben kein geistliches Unterscheidungsvermögen, kein Zeugnis des Heiligen Geistes.

Mein Freund, wenn Sie nicht Buße tun und sich ganz Jesus ausliefern, wenn Sie weiter Ihr Herz an Götzen hängen, werden Sie am Ende einem Pastor zuhören, der Ihren Götzendienst kitzelt!

Gott verheißt in seinem Wort, daß dann, wenn sein Volk Buße tut und von ganzem Herzen zu ihm zurückkehrt, er ihm Hirten wie Zadok schenken wird

»Kehrt um, ihr abtrünnigen Kinder, spricht der HERR, ... Und ich will euch Hirten geben nach meinem Herzen, die euch weiden sollen in Einsicht und Weisheit« (Jer 3,14-15).

Hesekiel prophezeite, daß es in den letzten Tagen auch eine sehr aktive Zadok-Priesterschaft geben würde: »Aber ... die Söhne Zadok, die den Dienst an meinem Heiligtum getan haben, als die Israeliten von mir abfielen, die sollen vor mich treten, um mir zu dienen, und vor mir stehen, um mir Fett und Blut zu opfern, spricht Gott der HERR. Sie sollen hineingehen in mein Heiligtum und vor meinen Tisch treten, um mir zu dienen, und sollen meinen Dienst tun« (Hes 44,15-16).

Es wird keine ungesunde Vermischung geben bei diesen Priestern. Sie sollen »leinene Kleider anziehen und nichts Wollenes anhaben, solange sie ... Dienst tun« (V. 17). Die Mischung aus Wolle und Leinen symbolisiert faule Kompromisse – ein bißchen Gott und ein bißchen Fleisch. Aber Gott sagt: »Meine Priester tragen reines Leinen; es gibt keine Vermischung!«

Diese Zadok-Priester werden furchtlos gegen die Sünde vorgehen und die Macht haben, die Menschen auf den Weg der Gerechtigkeit und Heiligkeit zu führen: »Und sie sollen mein Volk lehren, daß es zu unterscheiden wisse zwischen Heiligem und Unheiligem und zwischen Reinem und Unreinem« (V. 23).

Dies sind die Merkmale der Zadok-Priester:

- Sie scheuen sich nicht, Menschen in der Kraft und Vollmacht des Heiligen Geistes zurechtzuweisen.
- Sie machen uns klar, was Recht und Unrecht ist – so lange, bis wir die Kenntnis und Weisheit haben, selber das Richtige zu tun.
- Diese Menschen kennen die Stimme des Herrn. Sie wissen, was Gott sagt, weil sie zu seinen Füßen sitzen und auf ihn hören. Sie beten nicht: »Herr, segne mich, segne meine Projekte, gib mir Geld ...« Sie rufen: »O Jesus, ich liebe dich! Ich will dein Herz und deinen Sinn immer mehr kennenlernen!«

Sie sagen jetzt vielleicht: »Gut, jetzt habe ich etwas über die heutigen Pastoren gelernt.« Aber Gott fragt Sie: »Wie *steht es mit dir?«*

Wußten Sie schon, daß es in dieser Botschaft um *Sie* geht? Die Bibel sagt, daß Jesus Christus »uns zu Königen und Priestern gemacht hat vor Gott, seinem Vater, ihm sei Ehre und Gewalt von Ewigkeit zu Ewigkeit!« (Offb 1,6). Dieser Vers gilt für den ganzen Leib Christi. Jeder, der sich nach Gottes Namen nennt, ist berufen, ein Priester des Herrn zu sein.

Und so frage ich Sie jetzt: Welche Art Priester beschreibt Ihren Wandel mit Gott? Sind Sie ein Zadok? Oder ein Abjatar? Nehmen Sie Zurechtweisungen mit Freude entgegen, in dem Wissen, daß Gott den Krebs der Sünde aus Ihnen herausschneiden will, um Sie zu heilen? Oder drehen Sie sich nur um sich selbst und rennen auf Konferenzen und Seminare, um trostreiche Antworten zu finden? Sind Sie dabei, zu lernen, Gottes Stimme zu hören, indem Sie ihm im stillen Kämmerlein die besten Termine in Ihrem Kalender geben? Oder kaufen Sie sich eine Kassette nach der anderen, um von diesem oder jenem großen Evangelisten ein Wort vom Himmel zu hören?

Jeder, der durch den Namen Jesu lebt, sollte es lernen, auf Gottes Stimme zu hören. Gott will, daß Sie sein Wort in Ihrem eigenen Herzen vernehmen. Wenn Sie das lernen, können Sie in jede beliebige Kirche gehen und nach fünf Minuten wissen, ob Gottes Geist dort ist. Und wenn es eine Zadok-Gemeinde ist, werden Sie die Hände erheben und sagen: »Hier höre ich etwas Gutes. In meiner Seele geschieht etwas. Hier spricht Gott!«

Oder aber Sie werden merken, daß Sie es mit Abjatar zu tun haben – und es wird Ihnen schlecht werden davon, und Sie werden flüchten, weil Sie den Gestank des Fleisches nicht aushalten können.

O Gott – gib uns den Geist des Priestertums des Zadok!

Kapitel 2

Hol Christus in deine Krise hinein!

Dreimal ganze Sache

Gehen Sie mit mir in die Ebene Dura bei Babylon, in der König Nebukadnezar alle Fürsten, Statthalter und sonstigen Würdenträger aus allen Ecken seines Großreiches zusammengetrommelt hat. Stellen Sie sich die Szene vor: eine unübersehbare Menge von Menschen, alle in ihrer Landestracht und mit den verschiedensten Sprachen; und alle sind sie aus einem Grund hierhergekommen – um die Götter des Königs zu ehren!

Nebukadnezar hatte eine 30 Meter hohe goldene Statue anfertigen lassen, und dort in der Ebene Dura sollten alle Mächtigen seines Reiches beim Klang des königlichen Orchesters vor diesem Standbild niederfallen und es anbeten – oder sterben (Dan 3,1-6).

Aber drei hebräische Männer – Schadrach, Meschach und Abed-Nego – weigerten sich, niederzufallen. Sie waren von den Chaldäern aus dem eroberten Jerusalem deportiert und in den Palast in Susa gebracht worden, wo man sie in der Sprache der Chaldäer unterwiesen und zusammen mit Daniel zu hohen Regierungsbeamten gemacht hatte. Und jetzt also verneigten sich überall um sie her Menschen aus anderen Nationen vor dem goldenen Standbild, wie der König es befohlen hatte. Nur sie verneigten sich nicht.

Menschen, die ihnen ihre Macht neideten, hinterbrachten dies Nebukadnezar, der darauf sehr wütend wurde. Wie konnten Männer aus seiner eigenen Regierung es wagen, ihm nicht zu gehorchen!

Es war damals nicht unüblich, daß man Menschen, die sich gegen die Erlasse des Königs aufgelehnt hatten, zur Strafe in einen brennenden Ofen warf. Jeremia erwähnt »Zedekia und Ahab, die der König von Babel im Feuer rösten ließ« (Jer 29,22). Ohne Zweifel war Nebukadnezar es gewohnt, zuzuschauen, wie Menschen in den offenen Ofen geworfen wurden und sofort in Flammen aufgingen. Der Geruch brennenden Fleisches war ihm nicht fremd. Jetzt befahl er seinen Soldaten voller Wut, den Ofen noch siebenmal heißer zu machen als sonst.

Als die Wachen die drei Hebräer vor ihn bringen, brüllt er sie an: »Ihr habt euch also geweigert, euch vor meinem Gott zu verneigen, als die Musik spielte. Gut, ich gebe euch eine zweite Chance. Der Ofen ist heute noch siebenmal heißer als sonst, und wenn ihr euch nicht verneigt, werde ich euch in ihm rösten lassen!«

Bestimmt haben die drei Männer dort, wo sie standen, die Hitze des weißglühenden Ofens bereits mitbekommen. Sie sahen, wie kräftige Soldaten ohnmächtig wurden beim Schüren der Glut, so übermächtig war die Hitze. Diese Hebräer wollten nicht sterben. Sie waren Menschen wie Sie und ich. Nur ein Verrückter läßt sich freiwillig bei lebendigem Leib verbrennen. Aber der Heilige Geist hatte diesen Männern einen ungeheuren Glauben in das Herz gegeben, und so antworteten sie dem König: »O König, wir brauchen gar keine Bedenkzeit. Wir werden nicht vor dem Bild niederknien! Unser Gott hat die

Macht, uns zu erretten. Und selbst wenn er es nicht tut – wir beten das Bild nicht an!«

Sie wissen, wie es weiterging. Die Nachricht von der großen Ketzerverberennung hat sich bestimmt wie ein Lauffeuer verbreitet, und Massen von Neugierigen fanden sich ein, um zuzuschauen – so ähnlich wie im Wilden Westen, wenn Übeltäter gehenkt wurden. Die Menschen reckten die Hälse, um einen Blick zu erhaschen auf diese Männer, die es gewagt hatten, dem königlichen Erlaß zu trotzen – und die jetzt dafür lebendig verbrannt wurden!

Da kommt schon der König mit seinem Gefolge. Er nimmt seinen Platz ein – in sicherer Entfernung von dem Ofen, aber nahe genug, um die drei Rebellen zu sehen, wenn sie brennen werden. »Werden diese Narren nie klug?« denkt er. »Ein paar Minuten noch, und die drei werden nur noch Asche sein.«

Man bringt die drei Hebräer herbei, an Händen und Füßen gebunden. Die kräftigsten Krieger aus der Armee des Königs tragen sie zu der Tür des Ofens, um sie hineinzuwerfen. Die Flammen sind so heiß, daß die Soldaten selber umkippen, einer nach dem anderen – die ungeheure Hitze hat sie getötet!

Irgendwie schafft man es, die drei Hebräer endlich in den Ofen zu werfen. Aber was ist das? Kein plötzliches Auflodern der drei Körper, kein Geruch nach verbranntem Fleisch. Der König will seinen Augen nicht trauen – da laufen die drei Hebräer aufrecht in dem Ofen herum! Sie gehen über die glühenden Kohlen, als wären es Rosenblätter. Das Feuer hat nur ihre Fesseln verbrannt, und ihre Hände sind hoch erhoben, während sie Gott loben und preisen.

Nebukadnezar dreht sich zu einem seiner Räte um und fragt ihn: »Wie viele Männer haben wir da hineingeworfen?«

»Drei, o König«, kommt die Antwort.

»Aber ich sehe vier!« erwidert der König. »Und keiner von ihnen brennt, keiner ist auch nur versengt. Und der vierte sieht aus wie ein Gottessohn!« (Vgl. Dan 3,24-25).

Wie kam es, daß ein heidnischer König den Sohn Gottes erkannte? Weil die Herrlichkeit Christi nicht verborgen bleiben kann. Wenn in der Bibel Engel erscheinen, sind sie immer weiß gekleidet und leuchten mit der Herrlichkeit des Himmels. Aber dieser Leuchtende war kein gewöhnlicher Seraph, auch nicht

Gabriel oder Mose oder der auferstandene Elia. Dies war Jesus selber – und er leuchtete stärker als die siebenfach heißen Flammen!

Lieber Leser, dieses Zeugnis kam von den Lippen eines Heiden: In der größten Not der Hebräer erschien Christus an ihrer Seite! Wenn es je eine Situation gab, in der es um Leben oder Tod ging, dann diese – nach allem menschlichen Ermessen ein hoffnungsloser Fall, wo nur noch ein Wunder helfen konnte. Und in dieser Situation trat Christus mitten unter diese Männer und tröstete sie. Er kam zu ihnen, um sie zu erretten.

Hier geht es um uns! Jeder Gläubige soll Christus in seine Krise hineinholen!

Jesus kam nicht zu diesen drei Hebräern, um einem heidnischen König eine beeindruckende Lektion zu erteilen. Das hatte er schon früher getan. Als Daniel den Traum Nebukadnezars auslegte, hatte der König ausgerufen: »Es ist kein Zweifel, euer Gott ist ein Gott über alle Götter und ein Herr über alle Könige ...« (Dan 2,47). Aber wie bald hatte er das wieder vergessen!

Nein, dies war keine evangelistische Erscheinung. Gott kannte das Herz des wankelmütigen Königs, und er wußte, daß ein heidnisches Herz sich höchstens drei Tage lang von einem Wunder beeindrucken läßt. Nein, Jesus kam aus einem einzigen Grund in diese Krisensituation hinein – um der drei Männer willen! Er kam, um sie zu trösten und zu retten, weil er sie liebte. Der Herr der Herrlichkeit stand zu ihnen in der Stunde der Gefahr – weil sie ganz und gar zu ihm standen.

Tatsache ist: Unser Herr greift nicht in jeder Krise, die Menschen haben, ein. Die Bibel berichtet uns, daß, als er am Passafest in Jerusalem war, »viele an seinen Namen [glaubten], da sie die Zeichen sahen, die er tat. Aber Jesus vertraute sich ihnen nicht an; denn er kannte sie alle ... denn er wußte, was im Menschen war« (Joh 2,23-25).

Jesus kennt den Betrug in den Herzen der Menschen. Er weiß, daß viele wohl bereit sind, ihn als Gott anzuerkennen – aber nicht, ihr Leben in seine Hand zu geben!

Es ist eine Sache, an Jesus als Gott und Heiland zu glauben – aber eine ganz andere, alles ihm anzuvertrauen, in seine Zuständigkeit zu übergeben. Bei der Hingabe an Christus geht es darum, daß ich mein gesamtes Leben, mein ganzes Dasein vollständig in seine Obhut gebe. Und zu den Menschen, die so ganz zu ihm stehen, steht er dann auch.

Wir leben in einer krisengeschüttelten Gesellschaft. Oder kennen Sie jemanden, der nicht gerade in einer Krise steckt oder kürzlich gesteckt hat? Ich kenne viele Christen, die in tiefen Nöten stecken, die sie zu überwältigen und fertigzumachen drohen.

In welcher Krise stecken Sie gerade? Ist sie religiöser, finanzieller, geistiger oder gesundheitlicher Art? Geht es um Ihre Ehe, Ihren Arbeitsplatz, Ihr Geschäft? Ich rede hier von Situationen, die so ernst sind, daß nur noch ein Wunder helfen kann – von Fällen der hoffnungslosen Sorte. Wenn Sie in solch einer Krise stecken, brauchen Sie Jesus, der zu Ihnen kommt und mit Ihnen hindurchgeht. Nur der Sohn des lebendigen Gottes kann Ihr Problem lösen; nur er kann das Unmögliche schaffen und Sie aus dem Feuerofen Ihrer Not herausreißen.

Sie antworten vielleicht: »Jawohl, ich brauche es, daß Jesus mit mir durch diese Sache hindurchgeht. Ich brauche ihn, wie diese drei Hebräer ihn brauchten. Aber wie kriege ich ihn dazu, in meine Krise hineinzukommen? Wie stelle ich das an?«

Nun, Sie können es genauso machen wie Schadrach, Meschach und Abed-Nego. Diese Männer trafen drei bemerkenswerte Entschlüsse:

1. Sie verpflichteten sich auf einen Lebensstil der Reinheit inmitten einer verdorbenen Gesellschaft

»Aber Daniel nahm sich in seinem Herzen vor, daß er sich mit des Königs Speise und mit seinem Wein nicht unrein machen wollte, und bat den obersten Kämmerer, daß er sich nicht unrein machen müßte« (Dan 1,8).

Hinter dem Wort »unrein machen« steckt der Gedanke des Unfrei-werdens. Mit anderen Worten sagte Daniel: »Wenn ich Gottes Normen mißachte, mache ich mich unfrei.«

Daniel schlägt dem Kämmerer vor, ihm und seinen Gefährten zehn Tage lang nur Gemüse und Wasser zu geben. Kein Filet vom Tisch des Königs, kein teurer Wein. Der Kämmerer ist nicht begeistert: »Ihr bringt mich an den Galgen! Nach den zehn Tagen werden eure Wangen eingefallen sein wie bei einem

Schwerkranken, der König merkt das bestimmt. Eßt doch etwas Fleisch, nur ein bißchen, ihr braucht das Eiweiß. Trinkt etwas Wein, das verbessert das Blut. Und diese Süßigkeiten geben euch mehr Energie.«

Als ich diese Bibelstelle studierte, fragte ich mich: Warum diese Fastenkur? Diese Hebräer waren doch gar keine Vegetarier. Die Antwort ist wahrscheinlich, daß der Wein, das Fleisch und die Süßigkeiten von heidnischen Priestern gesegnet wurden, bevor sie auf den Tisch des Königs kamen, womit diese Speisen für die jungen Juden religiös unrein waren.

Aber ich glaube, Daniel und seine Gefährten hatten noch mehr im Sinn als nur die rituelle Reinheit. Was ich Ihnen jetzt sagen werde, habe ich aus keinem Bibelkommentar; ich glaube, der Heilige Geist selber hat es mir gezeigt. Also: Warum weigerten sich die vier Hebräer, vom Tisch des Königs zu essen?

Erstens waren sie zusammen mit Tausenden ihrer Landsleute in die Gefangenschaft geführt worden. Der Prophet Jeremia hatte die Deportierten ermutigt, sich 70 Jahre lang in Babylon niederzulassen und Häuser zu bauen, bis Gott sie zurückbringen würde. Doch offenbar blieben die Juden ihrer Tradition des Abfalls treu und ließen sich schon bald von dem gottlosen, ausschweifenden Lebensstil im Land ihres Exils mitreißen. Daniel und seinen Freunden ist dies bestimmt nicht verborgen geblieben.

Die vier Männer werden ihren Augen nicht getraut haben, als sie in Babylon ankamen. Schamlose Huren auf den Straßen, heidnische Schreine und Altäre an jeder Ecke, Saufgelage und Zügellosigkeit, wohin man blickte, hohe Beamte, die betrunken durch die Straßen torkelten, Flüche und Obszönitäten. Es war eine so unmoralische Gesellschaft, daß es die vier Männer innerlich fast umhaute.

Nun hatte Daniel die Propheten studiert. Er hatte die Schriften des Jeremia bei sich, und seine Prophezeiungen führten ihn zu dem Ergebnis, daß Israel 70 Jahre im Exil leben würde. Er wußte, daß sie in einem wichtigen Abschnitt der Menschheitsgeschichte lebten, und irgendwann nach der Ankunft in Babylon gab er zusammen mit »den Männern, die bei mir waren« (Dan 10,7) – den drei anderen Hebräern, die seine Mitstreiter waren – ein Gelöbnis ab. Ich stelle mir vor, wie sie, schockiert über

Israels Abgleiten ins Heidentum, eine Krisenbesprechung haben und wie Daniel aufsteht und sagt:

»Ihr wißt selber, was ich hier auf den Straßen gesehen habe. Aber was uns so schockiert, wird für unsere Landsleute bald normal sein – wenn wir nicht ganz bewußt anders leben. Es wird nicht lange dauern, und die Juden werden aussehen, reden und leben wie Chaldäer. Sie werden alle in eine Kultur der Sinnlichkeit hineinrutschen. Unsere Hirten werden ihre eigene Bequemlichkeit suchen, unsere Führer faule Kompromisse schließen. Unsere Synagogen werden voll von Schmutz, Vermischung und Doppelmoral sein. Es wird jeder seine Religion haben, aber die Kraft Gottes wird fort sein.

Wir müssen Stellung beziehen! Gott braucht Menschen, die ihre Stimme für ihn erheben in dieser Zeit des Abfalls. Wir müssen uns mit unserem ganzen Leben einsetzen – damit Israels Licht nicht vollends verlöscht!«

Und so schlossen die vier einen Pakt. Sie sagten: »Wir dürfen uns nicht anpassen. Wir dürfen nicht diese Unmoral übernehmen. Wir dürfen unsere Seelen nicht mit heidnischer Musik, Alkohol und einem teuflischen Lebensstil verunreinigen. Wir dürfen unseren Glauben nicht vom Geist Babylons infizieren lassen. Wir wollen anders sein, wir wollen unseren Glaubensweg in Zucht und Entschiedenheit weitergehen!«

Diese vier Hebräer verweigerten sich dem babylonischen Lebensstil und blieben so frei. Es ging nicht nur um bestimmte Speisen, es ging um den gesamten Lebenswandel, um ein Leben der Absonderung von der heidnischen Umgebung. Doch sie posaunten diese Absonderung nicht hinaus, sie prahlten nicht mit ihrem alternativen Lebensstil des Glaubens. Es war eine Sache zwischen ihnen und Gott.

Ich frage Sie: Als die Stunde kam, wo Gott zu der babylonischen Nation redete, wen benutzte er da als sein Sprachrohr? Wer wurde die Stimme Gottes, sein reines Zeugnis an ein zum Untergang verurteiltes Weltreich? Diese vier entschiedenen Männer!

Wenn ich mir heute unsere eigene Nation anschaue, sehe ich eine Gesellschaft, die sich so rasch auflöst, daß es erschreckend ist. Und das gilt auch für die Gemeinden! Die Kirche ist von dem Geist Babylons unterwandert; sie bietet eine Mischbotschaft, unzählige in ihr haben sich den Normen der Welt angepaßt. Oft rufe ich in meinem stillen Kämmerlein aus: »Gott, Gott, wo ist deine Stimme in diesem Land? Wo sind deine Leute, die sich absondern von dem Bösen, die aufstehen und prophetisch ihre Stimme erheben? Wo sind deine unbestechlichen Sprachrohre?«

Ja, wo sind solche Stimmen in dieser Zeit, wo alles bricht und bröckelt? Wo sind die Gemeinden, wo sind die Gläubigen, die Gottes Stimme sind – an ihrer Arbeitsstelle, in ihrer Familie, in ihrem Alltag?

Genau diese Frage stellten sich auch jene vier Hebräer. Und deswegen verpflichteten sie sich auf einen Lebensstil der Reinheit. Sie müssen einen ungeheuren Eindruck auf den kleinen Esra, Nehemia und Serubbabel gemacht haben. Vielleicht war es ihr Vorbild, das die 43 000 inspirierte, die später für Gott fest standen. Das heilige Leben dieser vier Männer ließ einen heiligen Rest aufstehen.

Lieber Leser, Sie können nicht eine Stimme Gottes sein, wenn Sie nicht ein abgesondertes, heiliges Leben führen. Gott kann Sie nicht gebrauchen, wenn Ihr Herz beschmutzt ist von dieser gottlosen Welt. Sie müssen ganze Sache machen!

Wenn Sie in Not sind, rufen Sie dann nicht auch: »Gott, wo bist du, wenn ich dich brauche? Bin ich dir egal?« Aber was, wenn Gott Sie fragen würde: »Wo bist *du*, wenn ich deine Stimme brauche? Ich brauche Stimmen in diesen sündigen Zeiten, reine Sprachrohre, durch die ich reden kann. Du möchtest gerne, daß ich zu dir komme, wenn es brennt – aber du gehörst ganz zu dieser bösen, sündigen Welt. Sag mir: Bin ich dir egal?«

2. Sie verpflichteten sich, Gottsucher zu werden – Menschen, die beten

»Und ich kehrte mich zu Gott, dem Herrn, um zu beten und zu flehen ... Ich betete aber zu dem HERRN, meinem Gott, und bekannte ... Als ich noch so redete und betete und meine und meines Volkes Israel Sünde bekannte ...« (Dan 9,3.4.20). Hier ist der Beweis: Diese Männer waren Beter!

Ihre erste Verpflichtung – auf einen Lebensstil der Reinheit – mußte durch eine zweite ergänzt werden: Gottsucher zu werden. Es ist unmöglich, ein gottgefälliges Leben zu führen, ohne viel Zeit auf den Knien zu verbringen und Gott um die Kraft und Vollmacht für ein solches Leben zu bitten. Verstehen Sie mich nicht falsch – treues Beten ist keine Garantie gegen Lebenskrisen; im Gegenteil: sehr wahrscheinlich bringt es einen in Feueröfen und Löwengruben. Aber das Gebet befähigt mich, diesen Dingen in getrostem Gottvertrauen gegenüberzutreten – ein lebendiges Opfer für Jesus zu werden.

Daniels Beten führte ihn geradewegs in die Löwengrube. Dieser Glaubenstest kam Jahre nach dem der Männer im Feuerofen, als Daniel schon in den Achtzigern war. Erschreckende Aussichten für den, der sich fragt, wann es denn endlich aufhört mit den Krisen, nicht wahr? Vielleicht denken Sie, daß Sie nach soundsoviel Jahren mit Gott aber bestimmt alle Ihre Lektionen gelernt haben werden; aber hier läßt Gott es zu, daß einer seiner größten Gebetskämpfer – und ein so stiller, demütiger dazu – noch nach Jahrzehnten treuester Fürbitte in die Prüfung seines Lebens kommt.

Lieber Leser, die Prüfungen hören erst dann auf, wenn Jesus wiederkommt bzw. wenn Sie in ihm gestorben sind. In dieser Welt wird es nie eine Zeit geben, in der wir nicht mehr mit dem Feuerofen oder der Löwengrube zu rechnen haben; das kommt erst, wenn wir unser Haupt an Jesu Brust legen können. Und deswegen ist das Gebet so wichtig. Wir können uns noch so fest vornehmen, ein reines Leben zu führen – diesen Vorsatz können wir nur halten, wenn wir uns gleichzeitig vornehmen, Gott zu suchen. Alle noch so guten Predigten, alle Bücher über die Heiligung, alle Ermahnungen in der Welt können mich nicht auf dem Weg des gottgefälligen Lebensstils halten. Es wird alles scheitern – es sei denn, ich habe beschlossen, mit aller Kraft Gott zu suchen.

Vor ein paar Wochen habe ich den himmlischen Vater gefragt: »Herr, warum verlangst du für alles und jedes unser Gebet? Warum tust du nichts, wenn wir nicht beten?«

Und Gott antwortete mir: »David, es ist unmöglich, mich zu lieben, ohne meine Gegenwart zu suchen. Wie kann ein Kind von mir sagen, daß es mich liebt, wenn es mich tagelang links liegen läßt? Das Gebet ist das Barometer der Hingabe an mich. Wahre Liebe läßt meine Kinder mein Angesicht suchen!«

Das Streichholz des Glaubens ist natürlich das Wort Gottes; der Glaube kommt aus dem Hören des Wortes. Aber zur vollen Flamme, gleichsam zur Eruption des Glaubens kommt es erst durch das Beten. Das Gebet fachte den Glauben der vier Hebräer an, bis er heißer war als der Feuerofen Nebukadnezars.

Als Nebukadnezar die Männer aus dem Feuerofen herausrief, sagte er: »Gelobt sei der Gott Schadrachs, Meschachs und Abed-Negos, der seinen Engel gesandt und seine Knechte errettet hat, die ihm vertraut und des Königs Gebot nicht gehalten haben, sondern ihren Leib preisgaben; denn sie wollten keinen anderen Gott verehren und anbeten als allein ihren Gott!« (Dan 3,28). Wieder ein Zeugnis aus dem Mund eines Heiden: Diese Männer hatten Gott ihren Leib hingegeben!

Doch sie hatten dies schon lange, bevor sie vor dem Ofen standen, getan. Das Gebet ist der Prozeß der Selbsthingabe an Gott; der Beter wird ein lebendiges Opfer. Diese Männer brachten dieses Opfer jeden Tag. Tage- und wochenlang blieben sie im Gebet, bekamen immer engere Gemeinschaft mit Gott, und nach einer Weile begriffen sie, daß für Gott sterben nur Gewinn war. Der Tod konnte sie nur noch näher zu Dem bringen, den sie so liebten.

3. Sie nahmen sich vor, Gott völlig zu vertrauen – im Leben und im Tod

»Da fing Nebukadnezar an und sprach zu ihnen: ... Werdet ihr's aber nicht anbeten, dann sollt ihr sofort in den glühenden Ofen geworfen werden. Laßt sehen, wer der Gott ist, der euch aus meiner Hand erretten könnte« (Dan 3,14-15). Diese Männer standen vor der schlimmsten Krise, in die ein Mensch geraten kann. Wenn Gott selber nicht eingriff und ein Wunder tat, waren sie tote Leute.

Und solche Krisen kennen wir doch auch. Vielleicht haben Sie eine schwere Krankheit. Vielleicht ist Ihr Eheschiff kurz vor dem Sinken. Und jetzt sagen Sie: »Ich habe gebetet, ich habe gefastet, ich habe alles getan, was ich kann. Wenn Gott jetzt nicht eingreift, schaff ich das nicht mehr!«

Womit holen wir Christus in unsere Not hinein? Er kommt, wenn wir die gleiche Entscheidung treffen wie damals die drei Hebräer, als sie dem König sagten: »Es ist nicht nötig, daß wir dir darauf antworten. Wenn unser Gott, den wir verehren, will, so kann er uns erretten; aus dem glühenden Ofen und aus deiner Hand, o König, kann er erretten. Und wenn er's nicht tun will, so sollst du dennoch wissen, daß wir deinen Gott nicht ehren und das goldene Bild, das du hast aufrichten lassen, nicht anbeten wollen« (V. 16-18).

Mit anderen Worten: »Unsere Lage sieht hoffnungslos aus. Wenn Gott kein Wunder tut, sind wir erledigt. Doch Gott kann uns aus dieser Not erretten. Aber selbst wenn er es nicht tut, werden wir ihn nicht verlassen. Ob wir leben oder sterben, wir wollen auf ihn vertrauen.«

Dies ist die Art Glaube, die Engel jauchzen läßt und Gottes Herz erfreut. Es ist ein Glaube, der sagt: »Herr, ich bin voll und ganz davon überzeugt, daß du mich retten kannst. Sprich nur ein Wort, und es ist vorbei. Aber wenn nicht – dann laufe ich trotzdem nicht weg. Ich werde dich nicht beschuldigen, mich verlassen zu haben, ich werde dir treu bleiben. Deine Wege sind höher als meine, Gott, und mein Leben ist in deiner Hand. Wenn du mich auch schlägst, will ich doch auf dich hoffen.«

Genau dies bringt Christus in unsere Krisen hinein: die volle Zuversicht, daß er imstande ist, uns aus jeder Not herauszuretten. Es ist die Zuversicht, daß wir stets in seiner Hand sind, egal, was kommen mag.

Bitte verstehen Sie mich recht: Gott hätte diese drei Männer auf alle möglichen Arten retten können. Er hätte dafür sorgen können, daß Nebukadnezer es sich anders überlegte. Oder daß die drei fliehen konnten. Mose und David war ja auch die Flucht gelungen. Aber diese drei Hebräer hatten einen ganz besonderen Glauben, auf den Gott sehr schnell reagiert: Sie glaubten an die Treue Gottes! Sie waren überzeugt, daß er tun würde, was das Beste für sie und für seine eigene Ehre war.

Das ist der Grund, warum sie nicht auf ihre »Rechte« als Gläubige pochten. Sie versuchten auch nicht, einander durch das Zitieren biblischer Verheißungen Mut zu machen. Mit stiller Würde gingen sie in den Ofen und sagten: »Gott kann! Und wenn nicht ...« Ohne Zweifel wird der zweite Teil vielen Leuten nicht schmecken. Ich höre fast, wie sie sagen. »O nein, Herr Pastor, das ist doch negativ, das läßt ja dem Zweifel Raum! Wir sollten nur sagen: ›Gott kann, und Punkt.‹«

Ich glaube von ganzem Herzen, daß Gott kann. Er brauchte nur ein Wort zu sagen und könnte jeden retten, jederzeit. Aber bedenken wir: Wenn diese Hebräer nicht gesagt hätten: »Und wenn nicht ...«, wenn sie nicht einen solchen Glauben gehabt hätten – was hätten sie in ihrer Lebenskrise getan? Hätten sie nicht zu protestieren begonnen, als sie zu dem Ofen gebracht wurden? Hätten sie nicht zum Schluß geschrien: »Gott, du hast nicht Wort gehalten, du läßt uns im Stich!«?

Nein – sie waren bereit zu sterben. Sie konnten sagen: »Herr, selbst wenn ich leiden muß, selbst wenn der Geruch meines brennenden Körpers die Luft füllt – ich werde dir weiter vertrauen. Ich werde weiter an dich glauben, selbst wenn ich meine Gebetserhörung nicht kriege!«

»Und wenn nicht ...« Die meisten von uns haben einen solch kühnen Glauben nicht. Darf ich Sie fragen: Was machen Sie, wenn Gott Sie nicht erhört? Werfen Sie Gott dann vor, daß er Sie im Stich läßt und Sie nicht liebt? Wie schlimm, wenn ich mit den Worten in den Feuerofen gehe: »Gott, wo bist du? Du hast mich verlassen!«

Als die drei Männer in das Feuer gingen, waren ihre Körper schon tot für diese Welt. Sie konnten sie freudig dahingeben, als lebendige Opfer. Und Jesus trat ihnen ganz buchstäblich entgegen in ihrer Not. Was für eine unglaubliche Belohnung – daß in ihrer größten Not Jesus selber mit ihnen ging!

Was meinen Sie wohl, was sie Jesus gesagt haben, als er in den Ofen erschien? »O danke, Herr! Danke, daß du uns den Schmerz ersparst, danke, daß wir noch ein paar Jahre leben dürfen!«?

Nein! Ich glaube, sie sagten: »Herr, nimm uns mit, laß uns nicht hier zurück! Wir haben deine Herrlichkeit geschmeckt, wir wollen nicht mehr zurück. Nimm uns mit nach Hause.« Sie wollten lieber bei Jesus sein. Und Jesus kennt das Herz, das so denkt; solchen Menschen naht er sich.

Können Sie das auch sagen: »Herr, nimm mich mit nach Hause!«? Vielleicht haben Sie es noch nicht gelernt, Ihren Körper, Ihren Beruf, Ihre Ehe, Ihre Krise in Gottes Hand zu legen. Ja, wir sollen stets im Glauben beten und glauben, daß Gott uns erhören wird. Aber wir sollten ihm auch voll und ganz vertrauen und in unserem Herzen sagen: »Und wenn nicht, Gott – vertraue ich doch auf dich!«

Beten Sie jetzt mit mir:

> Herr, du kannst mich retten vor diesem Feuerofen. Aber wenn nicht, will ich dir doch vertrauen. Auch wenn diese furchtbare Prüfung weitergeht, wenn noch mehr Leiden auf mich zukommt – ich lege alles in deine Hand. Nur komm und geh mit mir durch das Feuer hindurch!

Ich verspreche Ihnen: Jesus Christus wird hineinkommen in Ihre Krise. Er wird Sie an der Hand nehmen und durch das Feuer führen. Ich glaube, daß es die größte aller Gebetserhörungen ist, wenn Christus in unsere Not hineinkommt; denn wenn er kommt, hebt seine Gegenwart uns hoch über all unseren Schmerz, unser Elend, unsere Verwirrung hinaus. Wenn Jesus an Ihrer Seite erscheint, nimmt er Sie bei der Hand und läßt Sie fest stehen!

KAPITEL 3

AM RICHTIGEN UFER?

Wie man singen lernt, wenn es eng wird

Die Israeliten waren in einer hoffnungslosen Lage: vor ihnen das Rote Meer, links und rechts die Berge und von hinten die rasch näherkommenden Streitwagen des Pharaos. Gottes Volk saß in der Falle. Aber ob wir es glauben oder nicht – Gott hatte es hierhin geführt!

Im Lager herrschte die nackte Angst. Männer zitterten vor Furcht, Frauen und Kinder drängten sich weinend um ihre Lieben. Eine Abordnung empörter Sippenoberhäupter stürmt zu Mose: »Das ist das Ende! Gab es in Ägypten nicht genug Gräber, um uns zu begraben? Hast du uns hierhergeführt, daß wir in der Wüste sterben müssen? Wir haben dir doch schon in Ägypten gesagt, daß du uns in Ruhe lassen sollst! Besser Sklaven in Ägypten, als in dieser elenden Wüste zu krepieren!«

Ob auch Mose Bedenken kamen in dieser Stunde? Gott weist ihn jedenfalls zurecht: »Was schreist du zu mir?« (2. Mose

14,15). Niemand in ganz Israel konnte wissen, wie gewaltig Gott sie gleich erretten würde! Plötzlich teilt der Wind die Wasser, und das Volk zieht zwischen den Wasserbergen trockenen Fußes durch das Meer. Als der Pharao und seine mächtige Armee es verfolgen wollen, schießt das Wasser zurück, daß sie jämmerlich umkommen.

Was für ein Anblick muß es gewesen sein, der sich dem Volk Gottes vom anderen Ufer aus darbot: der mächtige Feind fortgespült wie eine Kompanie Zinnsoldaten! Die Israeliten begriffen: Wieder hatte Gott das Unmögliche vollbracht und sie errettet. Die Bibel beschreibt uns ihre Reaktion:

»So sah Israel die mächtige Hand, mit der der HERR an den Ägyptern gehandelt hatte. Und das Volk fürchtete den HERRN, und sie glaubten ihm und seinem Knecht Mose. Damals sangen Mose und die Israeliten dies Lied dem HERRN und sprachen: Ich will dem HERRN singen, denn er hat eine herrliche Tat getan, Roß und Mann hat er ins Meer gestürzt. Der HERR ist meine Stärke und mein Lobgesang und ist mein Heil. Das ist mein Gott, ich will ihn preisen, er ist meines Vaters Gott, ich will ihn erheben« (2. Mose 14,31-15,2).

Sie kennen es vielleicht, dieses Triumphlied aus der Bibel. In vielen Kirchen heute lassen Christen es erschallen. Aber achten wir bitte einmal auf die folgenden Worte in dieser Bibelstelle, denn sie sind das Herz dieses Kapitels: »So sah Israel die mächtige Hand, mit der der HERR an den Ägyptern gehandelt hatte. ... DAMALS sangen Mose und die Israeliten dies Lied ...« (Hervorhebung von mir). Sie sangen das richtige Lied – aber sie sangen es am falschen Ufer des Roten Meeres! Es war kein echtes Glaubenslied, denn sie sangen es NACH Gottes Eingreifen – auf der Seite des Sieges und nicht der der Prüfung.

Unsere Prüfungen und Versuchungen haben alle zwei »Ufer«: das des Kampfes und das des Durchbruchs; die Seite der Dunkelheit und Hoffnungslosigkeit und die des Sieges und der Errettung. Jeder Zweifler kann singen, wenn die Prüfungszeit vorbei und der Sieg da ist. Gott will, daß wir es lernen, schon auf der Prüfungsseite sein Lob zu singen. Er verdient unsere Anbetung im Augenblick der größten Dunkelheit, wenn wir nicht ein noch aus wissen und er allein uns helfen kann.

Wir können sie uns vorstellen, die Szene nach dem Sieg: Wie Mirjam und die Frauen mit ihren Tamburinen tanzen, wie alles singt und Halleluja ruft. Laut rufen sie es hinaus: »Als das die Völker hörten, erbebten sie; Angst kam die Philister an. Da erschraken die Fürsten Edoms, Zittern kam die Gewaltigen Moabs an, alle Bewohner Kanaans wurden feig« (V. 14-15).

Wie sicher und mächtig müssen sie sich gefühlt haben. Aber ihr Sieg war hohl – denn Israel hatte seine Probe nicht bestanden an diesem Tag. Bevor die Wasser sich teilten, hatte das Volk gestöhnt und geweint und protestiert und geklagt.

Was wir heute brauchen, sind Christen, die es lernen, das Siegeslied schon während der Prüfung zu singen

Wenn Gott uns in hoffnungslose Situationen geraten läßt, will er uns prüfen, um in uns ein Fundament des Vertrauens auf ihn zu bauen. Wie sonst sollen seine Leute ihm in den Kämpfen, die vor ihnen liegen, vertrauen können?

Immer wieder hört man von Pastoren, die durch Ehebruch und finanzielle Skandale zu Fall kommen. Aber was in Gottes Augen viel schlimmer ist, ist die wachsende Zahl von Pastoren, die ihren Dienst aufgeben, weil sie vor Zweifel und Angst kapitulieren. Briefe aus ganz Amerika erzählen uns von ganzen Gemeinden, die in Versuchung fallen und untergehen, weil ihr Pastor, der einst den Glauben predigte, das Handtuch geworfen hat. Er konnte nicht das richtige Lied am richtigen Ufer singen.

Lieber Leser, die Krise, in der Sie gerade stehen, ist eine Gelegenheit, Gottvertrauen zu lernen – ein Fundament zu bauen für all das, was im Leben noch auf Sie zukommen mag. Die Prüfung am Roten Meer war eine Gelegenheit für die Israeliten, in den Spiegel ihres Herzens zu schauen und den Zweifel in ihm zu entdecken, um sich dann im Glauben Gott zuzuwenden. Wenn sie sich nur an die Wunder in Ägypten erinnert hätten, sie hätten gesagt: »Ob wir leben oder sterben, wir sind des Herrn!« Sie hätten einander durch ein lautes Loblied Mut machen können – das gleiche Lied, das sie schließlich am anderen Ufer sangen: »Groß ist unser Gott ...« Es hätte das ganze Lager ergreifen und seinen Glauben anfachen können; dies hätte ein Fundament geschaffen für ein bleibendes Gottvertrauen. Es wäre ein im Feuer geprüfter, unerschütterlicher Glaube gewesen, der sie durch alle Mühen der Wüste und alle Kämpfe in Kanaan hindurchgetragen hätte – ein Glaube, der sie als Volk Gottes auf Erden erwiesen und zum Licht der Völker gemacht hätte.

Aber Israel sang nicht. Es verlor jegliches Vertrauen auf die Liebe seines himmlischen Vaters, ja es warf Gott vor, es vergessen zu haben!

Vor kurzem schüttete mir ein lieber christlicher Bruder sein Herz aus über eine tiefe, dunkle Prüfung, in der er schon seit einiger Zeit steckt. Vor etwa einem Jahr gab er eine gutbezahlte Stelle auf, weil er merkte, daß er Kompromisse mit seinem Gewissen schließen mußte, wenn er dort blieb. Seit Monaten schickt er eine Bewerbung nach der anderen ab – ohne Erfolg.

Er hat alle möglichen gutgemeinten Ratschläge von gläubigen Freunden bekommen. Die einen sagen ihm, daß in seinem Leben verborgene Sünde sein muß und daß sich deswegen keine Tür öffnet. Andere behaupten: »Wenn du nur genug Glauben hast ...« Aber dieser Bruder erzählte mir: »Wenn Gott mir hier etwas zu sagen versucht, dann weiß ich nicht, was das sein soll. Ich sehe da noch keinen Sinn. Es ist ja schön, wenn die Leute jemanden wie mich aufzumuntern versuchen – aber wer noch nicht selber so etwas durchgemacht hat, der weiß einfach nicht, wie weh das tut. Ich liebe Gott, aber es sieht alles so hoffnungslos aus. Diese Prüfungszeit will einfach nicht aufhören – überall nur Sackgassen!«

Und dann sagte er etwas, das mich in der Tiefe traf – und der Keim zu dieser Predigt wurde: »Ich will mit einem Zeugnis aus dieser Prüfung herauskommen. Ich will nicht, daß Gott mir nur eine neue Arbeitsstelle gibt, meine Probleme löst und mich weitermachen läßt, ohne daß ich etwas von ihm gelernt habe. Alle Menschen beobachten mich, und ich will, daß sie ein Zeugnis für Gott sehen. Ich will geprüft und bewährt aus dieser Sache herauskommen, sonst ist das, was ich über das Gottvertrauen gelernt habe, nur leere Theorie. Wenn es sich nicht in der Krise bewährt, taugt es nichts!«

»Aber wie kann man singen, wenn es einem so dreckig geht?«

Manche würden sagen: »Aber es ist doch unnatürlich, mitten in der Not Loblieder zu singen. Wenn wir an der Stelle von Israel gewesen wären, hätten wir auch vor Angst geschrien. Es ist doch nur menschlich, sich Sorgen zu machen, wenn man an seine Familie denkt – wenn man arbeitslos ist, wenn die Kinder auf Abwege geraten, wenn alle möglichen Probleme kommen.«

Brüder und Schwestern, Gott sieht das anders! Seine Perspektive ist völlig anders als unsere. War er herzlos, als er zu Mose sagte: »Was schreist du zu mir? Sage den Israeliten, daß sie weiterziehen« (2. Mose 14,15)? Waren ihm unsere menschlichen Gefühle und Sorgen egal?

Nein! Die Bibel sagt: »Da hast du gesehen, daß dich der HERR, dein Gott, getragen hat, wie ein Mann seinen Sohn trägt, auf dem ganzen Weg ...« (5. Mose 1,31). Gott war den Israeliten ein liebender, fürsorglicher Vater, und ihr endloses Gejammere, daß er sie verlassen habe, gefiel ihm gar nicht.

Vielleicht haben auch Sie Teenager in Ihrer Familie. Sie sehen, was in unseren Städten und Schulen geschieht, und Sie fragen sich vielleicht, ob Gott noch in der Lage ist, dem Chaos zu wehren. Aber denken Sie ja nicht, daß unser liebender himmlischer Vater nicht Ihre Gebete hört und Ihre Kinder nicht mit seinem Schutz umgibt! Israel erklärte er: »Alle eure kleinen Kinder, von denen ihr gesagt habt, sie würden eine Beute der Feinde sein, und eure jungen Söhne, die heute noch nicht Böses und Gutes unterscheiden können, sollen hineinkommen. Ihnen will ich das Land geben« (5. Mose 1,39 Bruns). Gott errettete die Kinder – aber nicht die Erwachsenen, die ihm ihr Vertrauen verweigerten!

Es ist nichts Falsches dabei, vor Gott zu treten, wenn es uns dreckig geht, und um Hilfe zu rufen. Gott versteht es, wenn wir am Boden liegen und alles dunkel aussieht. David singt: »Als mir angst war, rief ich den HERRN an und schrie zu meinem Gott« (Ps 18,7).

Aber die Zeit kommt, wo der Heilige Geist uns in unserem Gebetskämmerlein begegnet und uns sagt, wie einst zu Mose: »Was schreist du immer noch? Wann kommt endlich Vertrauen in dein Herz?« Sehen Sie, Gott weiß doch längst, wie er Sie erretten wird. Er hat eine Million Möglichkeiten; wir können sie nur nicht sehen, wenn wir mit dem Rücken zur Wand stehen.

Für die Kinder Israel war diese Wand das Rote Meer. Wenn sie versucht hätten, sich durch die Berge durchzuschlagen, wären sie den wilden Tieren in die Fänge gelaufen. Sie saßen in der Falle – genau dort, wo Gott sie haben wollte.

Sie erfuhren Gottes Errettung an diesem Tag, und danach sangen sie. Aber ihr Lied war seicht, ohne festen Grund. Wollen Sie einen Beweis dafür? Ganze drei Tage später fielen sie in ihre alte Angst und Zweifel zurück. Sie hatten ihre Angst lediglich verdrängt am Roten Meer; sie hatten sie in ihren Seelenkeller gestoßen und eine dünne Schicht Lob und Dank darübergelegt. Sie hatten ihrem Zweifel nicht den Todesstoß versetzt – und das war doch Gottes Absicht mit jener Krise gewesen!

Ein Lied in der Not – die Menschen erwarten es von uns

Lieber Leser, es gibt ein Lied – und wir müssen es am richtigen Ufer singen. Wenn die Welt weiß, daß wir Christen sind, wird sie dies von uns erwarten.

Der Psalmist sagt: »Denn die uns gefangen hielten, hießen uns dort singen und in unserm Heulen fröhlich sein: ›Singet uns ein Lied von Zion!‹ Wie könnten wir des HERRN Lied singen in fremdem Lande?« (Ps 137,3-4). Das Volk Gottes war in dem tiefsten Tal seines Lebens – und die Menschen, die es verschleppten, forderten es zum Singen auf. Singen? Es war doch nur noch alles Verzweiflung und dumpfe Hilflosigkeit!

Viele, viele Christen sind heute in der gleichen Lage. Sie vielleicht auch. Der Teufel ist hinter Ihnen her, jagt Sie mit einer alten Versuchung. Gleich hat er Sie, und Sie sind drauf und dran, aufzugeben: »Ich schaff das nicht. Ich kann soviel weinen und beten, wie ich will, so wird es wohl bis an mein Lebensende sein mit mir. Von diesen alten Fesseln werde ich nie los!«

Als Israel in die Hände der Babylonier fiel, riefen die: »Singt und spielt für uns! Wir haben gehört, was euer Gott alles für euch getan hat, unsere Spione haben es uns berichtet. Nehmt eure Tamburine und Harfen, spielt uns ein Lied! Zeigt uns, wie ihr euch in eurem Gott freut!«

Ich glaube nicht, daß dies purer Hohn war. Ich glaube, zum Teil war es auch eine klägliche Bitte. Die Götter der Babylonier hatten ihre Seele ausgetrocknet. Sie hatten keine Hoffnung. Aber sie hatten gehört, daß Israel seinem Gott gesungen hatte – einem Gott, der es durch die unmöglichsten Situationen hindurchgetragen hatte. Sie sagten: »Diese Menschen haben einen Gott, der das Meer für sie öffnen kann, der Feuer vom Himmel schickt, der gegen ihre Feinde kämpft. Es muß was dran sein an diesem Gott.«

Wie der Rest der Welt, wollten die Babylonier Menschen sehen, die die gleichen Probleme und Kämpfe hatten wie sie, aber die selbst in der dunkelsten Stunde singen und preisen und ihren Glauben festhalten konnten. Die Babylonier verlangten ein Lied von den Hebräern, weil im Herzen jedes Menschen etwas schreit: »Wo in der großen, weiten Welt ist etwas, das euch singen machen kann, auch wenn ihr alles verloren habt?« Sie brauchten ein Zeugnis. Es ist wichtig, daß die Kinder Gottes an jedem Ort und zu jeder Zeit die Lieder Zions singen: »Gott, ich vertraue dir, egal, was passiert!«

Nicht jedes beliebige Zeugnis tut es in der heutigen Welt. Viele Gottesdienste und Veranstaltungen lassen die Leute kalt und tot. Selbst Heilungen richten manchmal nicht viel aus im Zeitalter der »Wunder der Medizin« mit ihren Herz- und sonstigen Verpflanzungen. Nein, die Welt ruft uns zu: »Ihr könnt uns ein richtiges Wunder zeigen! Nein, nicht den Durchzug durchs Rote Meer. Nicht Blinde, die sehen, und Lahme, die wieder gehen können. Sondern daß ihr in der dunkelsten Stunde eures Lebens steht, in einer nach allem menschlichen Ermessen hoffnungslosen Situation – und trotzdem lächelt, trotzdem eurem Gott Loblieder singt! *Das* ist das Wunder, das wir sehen wollen!«

Gib deinen Zweifeln den Todesstoß, damit du nicht zum Berufsmurrer wirst!

Wenn Sie Ihre Zweifel nicht energisch bekämpfen, werden Sie ständig murren und klagen, bis an Ihr Lebensende. Es genügt nicht, die Zweifel zu verdrängen; wir müssen sie an der Wurzel ausreißen!

Wie erging es Israel nach dem Durchzug durchs Rote Meer? Drei Tage nachdem sie Gottes Macht und Schutz so ausgiebig besungen und betanzt hatten, kamen sie nach Mara (»Wasser der Bitterkeit«). Es war ihre nächste Glaubensprüfung.

Gott läßt in unserem Leben eine Krise nach der anderen zu – so lange, bis wir endlich unsere Lektion lernen. Wenn wir uns aber beharrlich weigern zu lernen, kommt eine Zeit, wo er uns in unserer Bitterkeit und unserem Murren schmoren läßt. »Und sie wanderten drei Tage in der Wüste und fanden kein Wasser. ... Da murrte das Volk wider Mose und sprach: Was sollen wir trinken?« (2. Mose 15,22.24).

Am Sonntag noch himmelhoch jauchzend, am Mittwoch zu Tode betrübt. Wie konnten diese Menschen ihre Zuversicht so schnell wieder verlieren? Weil sie gar keine gehabt hatten! Sie hatten kein Glaubensfundament gehabt, und so bestanden sie auch diese Prüfung nicht. Sie hatten nichts, absolut nichts gelernt aus ihrer ersten Krise und verpaßten so die nächste Gelegenheit, das Licht der Größe ihres Gottes hinausleuchten zu lassen.

Von diesem Tag an war Israel unfähig, etwas von Gott zu lernen. Es hielt schließlich selbst seine Güte für eine Selbstverständlichkeit. Er schickte ihnen Manna vom Himmel, er gab ihnen ganze Wachtelschwärme zu essen – aber kein Wort des Dankes kam; statt dessen wurden die Israeliten gierig und begannen, Gottes Gabe für sich zu horten. Sie wurden ein halsstarriges Volk.

Wie traurig, wenn wir von einer Krise und Errettung zur nächsten gehen und nichts lernen dabei! Es liegt ein Fluch in dieser Halsstarrigkeit – daß Gott uns unserem Murren und Nörgeln überläßt.

Vier große Errettungen später: die letzte Chance

Israel hatte Gottes Wunder am Roten Meer, das verwandelte Wasser von Mara, das Wasser aus dem Felsen am Horeb erlebt, es hatte das Manna und die Wachteln vom Himmel bekommen. Jetzt stand es kurz vor den Grenzen des verheißenen Landes, und Gott gab ihm eine letzte Gelegenheit, zu einem festen Vertrauen auf ihn zu kommen. Sie hatten zwölf Kundschafter in das Land Kanaan geschickt, und zehn von ihnen brachten ihnen den folgenden Bericht über das Land: »Es fließt wirklich Milch und Honig darin ... Aber stark ist das Volk, das darin wohnt, und die Städte sind befestigt und sehr groß ... Wir vermögen nicht hinaufzuziehen gegen dies Volk, denn sie sind uns zu stark ... Das Land ... frißt seine Bewohner, und alles Volk, das wir darin sahen, sind Leute von großer Länge. Wir sahen dort auch Riesen, ... und wir waren in unsern Augen wie Heuschrecken ...« (4. Mose 13,27-28.31-33).

Der Bericht versetzte das Lager in Aufruhr. All die Zweifel und Angstgefühle, die sich in dem Volk angestaut hatten, entluden sich in einer Explosion der Bitterkeit gegen Gott. Als Josua aufstand und rief: »Gott ist mit uns! Gott kann!«, wollten sie ihn steinigen.

Das Volk wußte es damals nicht, aber diese Prüfung sollte sie auf die erste Schlacht in Kanaan, die Eroberung Jerichos, vorbereiten. Die Kundschafter hatten berichtet: »Das erste, auf was ihr in dem Land stoßt, ist eine befestigte Stadt namens Jericho, und sie ist absolut uneinnehmbar. Wir haben keine Belagerungswaffen, keine Rammböcke, nichts! Es ist aussichtslos, wir können genausogut hierbleiben!«

Worte aus der Hölle! Der Teufel will, daß wir genau so auch über unsere Probleme denken: »Keine Chance.« Aber wir wissen doch, daß Gott schon einen Plan hat, auch wenn wir ihn noch nicht sehen können. Wir sehen nur die hohe Mauer vor uns, aber Gott sieht unendlich mehr. Es ist ihm ein leichtes, durch die Mauer hindurchzugehen. Er kennt keine Komplikationen, denn er erkennt die Macht des Feindes nicht an. Es ist Zeit, daß wir ihm endlich vertrauen!

Für die Israeliten war dies damals die letzte Chance. Eine Gelegenheit, aufzustehen, zu singen, Gott ihr Vertrauen zu demonstrieren. Jemand hätte aufstehen und sagen müssen: »Am Roten Meer dachten wir, wir seien verloren – und Gott hat uns gerettet! Er hat das bittere Wasser von Mara süß gemacht! Wir dachten, wir müßten in der Wüste verhungern – und Gott gab uns zu essen! Wie oft haben wir gedacht: Jetzt ist alles aus!, und jedesmal hat Gott uns sicher durchgetragen, bis hierhin. Laßt uns der Welt zeigen, daß unser Gott kann!«

Aber das geschah nicht. Israel bestand auch diesen letzten Test nicht. Man sang keine Siegeslieder, das Volk weinte: »Da fuhr die ganze Gemeinde auf und schrie, und das Volk weinte die ganze Nacht. Und alle Israeliten murrten gegen Mose und Aaron, und die ganze Gemeinde sprach zu ihnen: Ach daß wir in Ägyptenland gestorben wären oder noch in dieser Wüste stürben! Warum führt uns der HERR in dies Land, damit wir durchs Schwert fallen und unsere Frauen und unsere Kinder ein Raub werden? Ist's nicht besser, wir ziehen wieder nach Ägypten? Und einer sprach zu dem andern: Laßt uns einen Hauptmann über uns setzen und wieder nach Ägypten ziehen! Mose aber und Aaron fielen auf ihr Angesicht vor der ganzen Versammlung der Gemeinde der Israeliten … Und der HERR sprach zu Mose: Wie lange lästert mich dies Volk? Und wie lange wollen sie nicht an mich glauben trotz all der Zeichen, die ich unter ihnen getan habe?« (4. Mose 14,1-5.11).

Und so war Gottes Geduld schließlich zu Ende. Hören wir, was er den Menschen, die ständig nur murrten, sagte: »Morgen wendet euch und zieht in die Wüste auf dem Wege zum Schilfmeer! … Und eure Kinder sollen Hirten sein in der Wüste vierzig Jahre …, bis eure Leiber aufgerieben sind in der Wüste« (V. 25.33).

Das Neue Testament sagt uns das gleiche

»Betet aber in großer Zuversicht, und zweifelt nicht; denn wer zweifelt, gleicht den Wellen im Meer, die vom Sturm hin- und hergetrieben werden. Ein solcher Mensch kann nicht erwarten, daß Gott ihm etwas gibt« (Jak 1,6-7 Hfa).

Die heutige Welt ist voll von Christen, die Gottes heiliges Wort nicht festhalten. Sie halten es für einen Kavaliersdelikt, an Gottes Tisch zu sitzen und zu nörgeln, gerade so, als ob Gott es nicht hört. Aber Gott hört unser Murren sehr wohl. Er hört es, wenn wir ihn beschuldigen, sich nicht um uns zu kümmern und uns in der Patsche sitzen zu lassen.

Gott hat mir verboten, meine bohrenden Zweifel und Ängste vor anderen Menschen zu äußern – vor meiner Frau, meinen Freunden, meinen Lieben, meinen Kollegen. Gott will, daß ich diese Zweifel zum Kreuz bringe und sage: »Jesus, heile du meinen Unglauben! Nimm ihn weg!«

Israel verbrachte die nächsten vierzig Jahre in einem Elend des Lästerns und Klagens, der Eifersucht und Bitterkeit. Es war ein jämmerliches Dasein. O ja, sie behaupteten immer noch, Kinder Gottes und heilig zu sein. Aber das war *ihr*, nicht Gottes Zeugnis.

Es gibt keine Aufgabe, keinen Sieg für jemanden, der ständig nur vor Gott klagt. Er wird für den Rest seines Lebens geistlich arbeitslos sein, und wenn er einen Auftrag bekommt, wird es ein Joch um seinen Hals sein. Es geht hier um Leben oder Tod. Wir müssen dahin kommen, daß wir es lernen, Gott zu vertrauen.

Wenn Sie es jetzt lernen, können Sie dann, wenn die nächste Krise kommt, Ihrem Heiland laute Loblieder singen. Sie werden Sieg bekommen – aber noch wichtiger ist, daß Sie allem Zweifel und Unglauben und aller Angst den Todesstoß versetzt haben.

Wie fange ich damit an? Indem ich in den Spiegel des Wortes Gottes schaue! Denken Sie einmal nach über Ihre Worte und Handlungen in den letzten dreißig Tagen: Haben Sie geklagt und gejammert? Sie antworten vielleicht: »Ja, schon – aber doch nicht gegen Gott.« Aber alles Klagen, egal, wo es geschieht und an wen es sich richtet, ist letztlich ein Klagen vor Gott.

Wo ich auch hinschaue in der Bibel, finde ich Gottes Angebot: »Vertrau mir, und ich trage dich durch. Befiehl alle deine Wege mir.« Was braucht es dazu? Einfach dieses: Daß ich innehalte und Gottes Erlösung sehe. Sie fragen vielleicht: »Aber was, wenn nichts geschieht?« Ein solcher Satz verrät Zweifel und Angst!

Lieber Bruder, liebe Schwester, treten Sie heute vor Gott und sagen Sie: »Herr, ich habe alles getan, was ich kann in meiner Situation, und ich weiß, daß ich selber sowieso nicht fertig werde mit diesem Problem. Ich will dir vertrauen; ich warte auf deinen Sieg.« Lassen Sie sich von Gott zu einem Zeugnis an die Welt machen – einem Zeugnis seiner Treue. Lieben Sie ihn von ganzem Herzen – hier und jetzt. Geben Sie ihm all Ihre Probleme, all Ihren Glauben und Ihr Vertrauen – und er wird Ihnen das richtige Lied am richtigen Ufer geben.

Kapitel 4

Die goldene Königin

Die Braut Christi

Der 45. Psalm malt uns ein herrliches Bild von Christus und seiner Braut. Eine große Hochzeit steht bevor, und der Psalmdichter sprudelt förmlich: »Das Herz wallt mir über von lieblichen Worten …« (Ps 45,2 Menge). Er versucht, etwas zu beschreiben, das er innerlich vor sich sieht – eine unglaublich schöne Hochzeit zwischen einem großen, herrlichen Bräutigam und einer mit Gold geschmückten lieblichen Braut.

Vor Jahren ließ sich die ganze Welt von einer Traumhochzeit verzaubern. Millionen schauten am Fernseher zu, wie Prinz Charles und Prinzessin Diana sich das Jawort gaben. Es war eine der rauschendsten Hochzeiten der neueren Geschichte. Die Reporter beschrieben jedes Detail der Zeremonie. Man zeigte Bilder aus dem Leben von Prinz Charles: seine Polopartien, seine Pflichten als Prinz, sein Erbe als nächster englischer König – sein Thron, sein Reichtum, sein Palast. Und dann Diana: ihre

Frisur, ihr königliches Kleid, ihr Gefolge, ihre Schuhe, ihr Schmuck, der Ring, die Blumen, die Hochzeitskutsche. Selbst als das Paar vor dem Altar stand, hörte der Reporter nicht auf; im Flüsterton kommentierte er: »Ist sie nicht schön? Sehen Sie sich ihre Schuhe an, und die Blumen ...«

Ja, es war eine Märchenhochzeit. Ein richtiger Prinz und eine richtige Prinzessin, die den Ehebund schlossen, »bis daß der Tod euch scheidet«. Die Leute weinten vor Rührung.

Das war 1981. Fast genau 15 Jahre später wurde die Ehe geschieden, als Schlußpunkt einer der häßlichsten Ehezerrüttungen, die die Welt gesehen hatte.

Die in Psalm 45 beschriebene Hochzeit ist eine viel herrlichere, größere Vereinigung. Auch sie ist voller Romanze, Schönheit und Majestät, aber sie wird nie aufhören. Es ist eine Ehe der ewigen Herrlichkeit.

König Jesus nimmt sich eine Braut

In diesem Augenblick, während ich diese Zeilen schreibe, sitzen Sie und ich im Himmel bei Jesus, ja mehr noch: Wir sind mit ihm verlobt. Bald wird sie gefeiert werden, die Hochzeit aller Hochzeiten, ein königliches Schauspiel, das die Welt noch nicht gesehen hat. Der Reporter ist der Heilige Geist, und er beschreibt uns diese Szene:

- König Jesus steht vor seinem Thron. Sein königliches Szepter ist in seiner Hand, seine Gewänder duften nach Myrrhe und Aloe. Er kommt aus dem Elfenbeinpalast seines Vaters, der ihn mit Freudenöl gesalbt hat.
- Er trägt den vollen Königsstaat des Kriegers. An seiner Seite ist sein glitzerndes Schwert, mit dem er alle seine Feinde bezwungen hat. Er regiert in Frieden und Macht, Sieger über alles. Er ist »der Schönste unter den Menschenkindern, voller Huld sind deine Lippen« (V. 3).
- Jede Schlacht, die der König geschlagen, jeder Feind, den er bezwungen, jede Gnade, die er erwiesen hat – alles hat er für seine Braut getan und für diesen Augenblick der Hochzeit. Jetzt strahlt er vor erwartungsfroher Vorfreude auf die Vereinigung mit seiner Braut. Er schaut den langen Gang des Palastes entlang, darauf wartend, daß sie mit ihrem Gefolge erscheint.

Der Psalmist verrät uns, daß der Bräutigam viele Königstöchter in seinem Reich zur Braut hätte wählen können: »Königstöchter stehen da, mit deinen Kostbarkeiten geschmückt ...« Aber er hat nur eine gewollt: »... die Königin steht zu deiner Rechten in Gold von Ofir« (V. 10 Elbf.).

Ofir-Gold war damals das reinste Gold, das es gab, und mit diesem Gold ist die Braut geschmückt. Was für ein Anblick, wie sie zum König geführt wird (V. 15). Sie strahlt hell, denn ihr Herz ist rein. Ihr Gewand zieren die herrlichsten Stickereien. Dies ist kein gewöhnlicher Stoff von der Stange; in dieses Gewand sind auf kunstvollste Art Goldfäden gewoben, deren Glitzern und Strahlen man schon von weithin sieht.

Tamburine, Posaunen, Streichinstrumente spielen auf, als die Goldkönigin auf den König zuschreitet. Hinter ihr kommt, so weit das Auge reicht, ihr Gefolge – weiß gekleidete Jungfrauen, die tanzen und preisen und singen. Es ist eine Freudenprozession zu dem König der Könige und Herrn aller Herren.

Schließlich nimmt die Braut ihren Platz zur Rechten des Königs ein. Lauter Jubel erschallt – dies ist die Königshochzeit der Ewigkeit. »Jungfrauen folgen ihr, ihre Gespielinnen führt man zu dir. Man führt sie hin mit Freude und Jubel; sie ziehen ein in des Königs Palast« (V. 15-16).

Eine Szene, die herrlicher ist als zehn Erweckungsgottesdienste! Können Sie sie sich vorstellen? Diese Hochzeit ist des Ziel und der Höhepunkt der ganzen Schöpfung. Dort steht König Jesus vor uns, das Herz voll Freude. Und hier kommt seine Braut – die Erlösten aus der ganzen Welt –, gekleidet im reinen Gold der Gerechtigkeit Christi.

Aber hier möchte ich einen Augenblick anhalten. So weit sieht dies ja aus wie irgendeine Traumhochzeit unter gekrönten Häuptern. Aber wer ist denn diese Braut in Gold? Manche Bibelausleger halten diesen Psalm einfach für die Schilderung der Hochzeit des Königs Jehoram von Juda mit Atalja, und in der Tat: Damals fand eine große königliche Hochzeit statt. Aber dies ist eine bloße Vermutung. Ich stimme mit den meisten geistlichen Auslegern überein, daß dieser Psalm messianisch ist, und ich glaube, seine Botschaft ist sehr klar: Es geht hier um Jesus und seine Braut. Der Bräutigam dieses Psalms ist unser König und Herr, Jesus Christus, und die Braut ist seine Gemeinde – also die Gläubigen, die seine Wiederkunft herbeisehnen und in deren Herzen es keine Flecken und Runzeln gibt.

»Und ich sah die heilige Stadt, das neue Jerusalem, von Gott aus dem Himmel herabkommen, bereitet wie eine geschmückte Braut für ihren Mann ... Und es kam zu mir einer von den sieben Engeln, die die sieben Schalen mit den letzten sieben Plagen hatten, und redete mit mir und sprach: Komm, ich will dir die Frau zeigen, die Braut des Lammes. Und er führte mich hin im Geist auf einen großen und hohen Berg und zeigte mir die heilge Stadt Jerusalem herniederkommen aus dem Himmel von Gott, die hatte die Herrlichkeit Gottes; ihr Licht war gleich dem alleredelsten Stein, einem Jaspis, klar wie Kristall« (Offb 21,2.9-11).

Dieses Bild in der Offenbarung des Johannes ist eine wunderbare Beschreibung der Gemeinde Jesu Christi, wie sie einmal sein wird. Die große, heilige Stadt, die aus dem Himmel herabkommt, ist seine makellose Braut – die Kirche der Überwinder, die jetzt bei ihm im Himmel ist. Diese Kirche ist erbaut auf dem Fundament des Evangeliums und der zwölf Apostel. Sie ist umgeben von Mauern und Toren, die alles Unreine und alles, was nicht zu ihr gehört, fernhalten.

Die Bibel erwähnt auch einen Strom kristallreinen Wassers – ein Bild des reinen Gewissens. Dies ist ein weiteres Merkmal der Gemeinde der letzten Zeit: Sie ist transparent und rein und wandelt im Licht; ihr einziger Tempel ist Christus allein.

Als die Königin vor ihrem Bräutigam steht, hört sie eine Stimme

Da steht die reichgeschmückte Ehrenbraut zur Rechten ihres geliebten Bräutigams, bereit zur Hochzeit. Aber bevor die Zeremonie beginnt, flüstert eine Stimme ihr eine Ermahnung zu: »Höre, Tochter, blick her und neige dein Ohr ...« (Ps 45,11 Menge).

Ich glaube, dies ist die Stimme des Heiligen Geistes, der ein Wort der Warnung an alle richtet, die sich nach seinem Namen nennen. Er spricht zu den Überwindern – zu denen, die Jesus am meisten lieben – und sagt: »Hört zu, paßt gut auf!« In den letzten Augenblicken vor der Hochzeit kommt diese Stimme zu der Braut.

Verstehen wir das recht: Die Braut ist bereits erwählt, der Bräutigam hat ihr Herz schon gewonnen. Sie hat ihr Haus, ihre Familie und Heimatland verlassen, um sich ihm hinzugeben. Sie ist voller Freude, denn sie liebt den König leidenschaftlich.

Darf ich Sie fragen: Sehen auch Sie sich als von Jesus Christus erwählt? Sind Sie sein von seinem Blut bedeckter, erlöster Augapfel? Lieben Sie ihn von ganzem Herzen? Haben Sie die ganze Welt, ja Ihre Vergangenheit für ihn verlassen? Können Sie sagen: »Er ist mein, und ich gehöre zu ihm. Herr, ich liebe dich mit meinem ganzen Herzen!«?

Was ich meine, ist dies: Wenn wir zur Braut Christi gehören wollen, reicht es nicht aus, daß wir der Gottlosigkeit und der Hölle entrinnen wollen. Es muß unser sehnlichster Wunsch sein, dabeizusein an dem großen Hochzeitstag! Der bloße Gedanke, nicht Christi Braut zu sein, nicht die Ewigkeit in seinen Armen zu verbringen, muß uns erschaudern lassen. Die Botschaft des Heiligen Geistes an die Braut in Psalm 45 lautet: »Vergiß dein Volk und dein Vaterhaus« (V. 11). Die leise Stimme flüstert: »Es reicht nicht, deine Vergangenheit hinter dir zu lassen; du mußt sie regelrecht vergessen. Verbanne alles, was früher deine Liebe und Aufmerksamkeit beanspruchte, aus deinem Herzen!«

Jesus hat gesagt: »So auch jeder unter euch, der sich nicht lossagt von allem, was er hat, der kann nicht mein Jünger sein« (Lk 14,33). Der Heilige Geist sagt der Braut: »Überschlägst du die Kosten? Wirst du nach der Hochzeit ein bloßes Lippenbekenntnis zu deinem Bräutigam ablegen? Hast du hier etwas begonnen, das du auch durchhalten willst? Oder wandern deine Gedanken zurück in deine Vergangenheit – zurück zu alten Freunden, alten Gewohnheiten, alten Lieben? Wenn du diese Ehe eingehen willst, mußt du deine Vergangenheit nicht nur hinter dir lassen, du mußt sie komplett vergessen!«

Will der Heilige Geist uns damit aufrufen, buchstäblich unsere Familie, unseren Arbeitsplatz, unseren Beruf zu verlassen? Nein, niemals! Er liefert uns hier keinen Vorwand, unsere Pflichten in Ehe und Familie zu vernachlässigen, im Gegenteil: Die Bibel ist voll von Aufrufen, für unsere Lieben zu sorgen. Wir haben unserem Ehepartner treu zu bleiben, uns um unsere Verwandten zu kümmern und unsere Kinder in der Furcht Gottes aufzuziehen. Wenn Jesus davon spricht, daß manche Menschen nicht »alles verlassen«, meint er damit die, die sich innerlich von ihm abwenden und sich an Götzen hängen. Ein Götze – das ist alles, was zum Mittelpunkt unserer Hingabe wird, alles, was unsere Zeit, Aufmerksamkeit, Geld, Liebe und Interesse voll beansprucht. »... und verließen den HERRN, den Gott ihrer Väter, ... und folgten andern Göttern ...« (Ri 2,12).

Ein Wort an die Eheleute unter uns

Zuerst an die Ehemänner: Viele Männer sorgen gut für ihre Familie. Sie arbeiten fleißig, verschwenden nicht ihr Geld, geben ihren Kindern genügend Kleidung und nehmen sich Zeit für die Familie. Aber wieviel Zeit nehmen sie sich für Jesus? Haben sie Stunden, wo sie alles andere buchstäblich aus ihrem Kopf verbannen und allein mit Jesus sind?

Man kann dies bei der Arbeit tun, am Steuer des Autos, überall und jederzeit. Wir denken nicht an Arbeit, Frau und Kinder, sondern sagen: »Jesus, jetzt bist du dran! Jetzt bin ich ganz für dich da. Niemand ist mir wichtiger als du.«

Mißverstehen Sie mich bitte nicht. Das Problem ist nicht unsere Firma oder Familie oder Karriere; das Problem ist das ziellose »Herumbummeln«. Wie viele Christen verglotzen ihre Zeit vor dem Fernseher! Kostbare Stunden werden vergeudet, und für unseren Herrn und Heiland haben wir keine Zeit ...

Und jetzt zu den Ehefrauen: Sie haben Ihrem Mann und Ihren Kindern die besten Jahre Ihres Lebens gegeben. Sie sind arbeitsam und treu und sorgen gut für Ihre Lieben. Aber ich frage Sie: Wieviel Zeit nehmen Sie sich dafür, mit Jesus allein zu sein? Wie viele Stunden in der Woche schließen Sie die Tür zur Welt ab und treten vor Jesus?

Großväter, Großmütter, Singles, alle: Eines Tages werdet ihr vor Gottes Richterthron stehen und Rechenschaft über eure Zeit ablegen müssen. Gottes Buchhaltung ist unbestechlich. Er weiß genau, wie viele Stunden wir auf solche an sich guten Dinge wie Kinder, Ehepartner und persönliche Interessen verwendet haben. Und er wird diese Stunden auf eine Waage legen und mit den paar Stunden vergleichen, die ihr ihm gegönnt habt. Ob die Waagschalen sich überhaupt bewegen werden?

Wie eifersüchtig unser Herr auf all die Dinge sein muß, die unsere Zeit und Liebe und Aufmerksamkeit auffressen. Er stimmt, der alte Satz: Nicht so sehr die »bösen« Dinge sind der Feind des Christen, sondern die »guten«: Familie, Arbeit, Karriere, Kinder. Nein, nicht diese Dinge an sich stehen zwischen uns und unserem Herrn, sondern unser »Herumbummeln«. Wir könnten leicht mehr Zeit für Jesus gewinnen – aber wir tun es nicht. Und Jesus steht vor uns und fragt uns: »Hast du mich lieber?« (Vgl. Joh 21,15).

Was ich liebe, dafür habe ich Zeit

Gottes Liebe ist eifersüchtig. »... denn der HERR, dessen Name ›eifersüchtig‹ ist, ist ein eifersüchtiger Gott« (2. Mose 34,14 Elbf). Es ist möglich, seine Eifersucht zu wecken: »Oder wollen wir den Herrn zur Eifersucht reizen?« (1. Kor 10,22 Elbf; Luther: »herausfordern«). Paulus sagt: »Ihr habt bezeugt, daß ihr Christus liebt, ihr habt sogar seinen Namen angenommen. Aber hat vielleicht jemand oder etwas anderes euer Herz gestohlen?«

Als treuer Hirte bin ich von Gottes Geist dazu beauftragt, Sie zu warnen: Es könnte sein, daß Sie am Tag des Gerichts nicht zur Braut Christi gehören. Es kann sein, daß Sie vor dem Bräutigam stehen, und er sagt *nicht*: »Hier ist meine Geliebte, die so viel Zeit mit mir verbracht hat. Du konntest es nicht erwarten, morgens aufzuwachen, um mir zu begegnen, und bist nicht ins Bett gegangen, ohne mit mir zu sprechen. Du hast voller Vorfreude auf mich gewartet, und jetzt sind wir eins und nichts wird uns scheiden!«

Nein, vielleicht wird er sich von Ihnen abwenden und sagen: »Du hast mich mit Worten geliebt, aber dein Herz war weit weg von mir. Du gingst zur Kirche, aber ein stilles Kämmerlein für mich hattest du nicht. Du warst selten mit mir zusammen. Ich kenne dich nicht, geh weg!«

»Vergißt wohl eine Jungfrau ihren Schmuck oder eine Braut ihren Schleier? Mein Volk aber vergißt mich seit endlos langer Zeit« (Jer 2,32). – »... wie wollen wir entrinnen, wenn wir ein so großes Heil nicht achten?« (Hebr 2,3).

Wir können sagen, daß wir Jesus lieben, wir können in jeden Kirchengottesdienst gehen. Aber suchen wir ihn, wenn wir frei über unsere Zeit verfügen können? Wie viele Bücher und Illustrierten und Zeitungen verschlingen wir, wieviel Zeit verbringen wir vor Fernseher und Radio – und an das Zusammensein mit Christus denken wir nicht? Die Zeit wird knapp! Bald werden wir vor Jesus stehen. Wie wollen wir seinem Urteil entfliehen, wenn wir die tausend Gelegenheiten, Gemeinschaft mit ihm zu haben, nicht genutzt haben?

Ganze Nationen betteln um Bibeln. Tausende Pastoren und Gläubige in Osteuropa verschlingen das Wort Gottes förmlich, weinen vor Freude über seine herrlichen Wahrheiten. Und Sie? Wissen Sie überhaupt, wo Ihre Bibel liegt?

Prediger lesen die Bibel zur Predigtvorbereitung, Sonntagsschullehrern gibt sie Stoff für ihre Stunden – aber wer von uns liest sie »einfach so«, um neue Kraft von seinem Herrn zu bekommen? Warum schlagen wir sie nicht auf, um mehr über Jesus zu lernen und ihn mehr zu lieben? Die Bibel ist Jesus – Gottes eigenes Wort. Sie ist die volle Offenbarung seines Herzens, sie enthüllt uns alles über ihn. Ich glaube doch: Wenn wir Jesus wirklich lieben und die Ewigkeit als seine Braut verbringen wollen, dann wollen wir so viel wie nur irgend möglich über ihn lernen.

Ich glaube, heute bekommen viele Christen ein Brandmal in ihre Seele: »Christus ist mir egal.« Vielleicht auch Sie. Wollen Sie so vor Gottes Richterthron treten? Zeigen Sie Jesus die kalte Schulter, nehmen Sie sich keine Zeit für das Gebet und sein Wort? Wie wollen Sie dann entrinnen?

Viele Herzen gewonnen – wenige erfüllt

Es reicht nicht, daß Jesus mein Herz gewinnt. Er muß auch seine ganze Erfüllung sein. Aber viele Gläubige kennen diese Erfüllung nicht. Ihr inneres Barometer geht mal hinauf, mal hinunter, ganz nach den äußeren Umständen. Das ist keine richtige Braut Christi! Seine Braut muß eine gewisse Schönheit haben, um ihn anziehen zu können: »Den König verlangt nach deiner Schönheit« (Ps 45,12). Aber was ist diese Schönheit?

»Betet an den HERRN in heiligem Schmuck«, heißt es in Ps 29,2. Es ist eine Schönheit, die Gott sieht. Es ist das in uns, was Jesus erfreut. Der Heilige Geist sagt zu der Braut: »Wenn du alles andere ablegst, alle anderen vergißt und dich für Christus allein schön machst – dann wird er deine Schönheit begehren!« Was bedeutet dies? Daß keine Arbeitsstelle, kein Mensch, keine Beziehung zwischen mich und Jesus kommen kann.

Eine fromme Ehefrau sagte einmal: »Je gottesfürchtiger mein Mann wird, um so attraktiver finde ich ihn.« Das ist das Ziel einer Ehe, die vor Gott geführt wird. Und entsprechend gilt: Je mehr ich mich ganz dem Herrn hingebe, um so attraktiver und schöner werde ich für ihn.

»Den König verlangt nach deiner Schönheit ...« Unglaublich, aber wahr: Jesus wird sich nicht von uns losreißen können! Das im Hebräischen für »Schönheit« stehende Wort schließt das Element der (recht verstandenen) »Begierde« mit ein, eine starke, mächtige Sehnsucht. Jesus wird uns ganz nahe kommen, er wird überfließen vor Sehnsucht nach uns.

Ich habe in meinem Leben viele Trauungen vollzogen. Ich habe nie einen Bräutigam erlebt, der seine Braut nicht freudig anlächelte: »Jetzt ist sie mein ...« Das ist die Schönheit, die ich hier meine. Der himmlische Bräutigam freut sich seiner Braut; er sagt: »Sie ist mein Augapfel, sie ist am liebsten mit mir zusammen, und das macht sie so schön für mich.«

Ja, ich will schön für Jesus sein. Ich will ihn in heiligem Schmuck anbeten. Er ist nicht einfach der »Erste« in meinem Leben, er ist mein Ein und Alles – und die Bibel sagt, daß er sich deswegen zu mir hingezogen fühlt.

Die goldene Braut hat eine innere Schönheit, die nach außen ausstrahlt. »Ganz herrlich ist die Königstochter drinnen«, heißt es in Ps 45,14 (Elbf.) – weil sie ihrem Bräutigam hingegeben ist. Er weiß ohne jeden Zweifel: »Sie ist mein. Sie betet mich an, sie ist mir untertan. Ich bin der Einzige in ihrem Leben. Sie nimmt sich Zeit für mich, sie ist überglücklich in meiner Gegenwart, sie will für immer bei mir sein. Was für eine herrliche Hingabe!«

Eine letzte Frage

Wenn Jesus heute wiederkommen würde, wären Sie dann dabei in der großen Hochzeitsprozession zu seinem Thron? Oder würden Sie vor einem eifersüchtigen Herrn stehen müssen? Unser Herr sehnt sich nach uns, nach unserer Zeit und Aufmerksamkeit – und muß mit ansehen, wie wir sie mit anderen Menschen und Dingen verbringen. Der Tag wird kommen, wo sein Zorn und seine Eifersucht zu einem Feuer des Gerichts »entbrennen« wird (5. Mose 29,19) gegen alle, die sich Götzen zugewandt haben.

Wenn dieser Tag kommt, wird Jesus dann voller Freude Ihre Hand ergreifen und flüstern: »Endlich sind wir für immer zusammen! Was hast du dich nach mir gesehnt. Du hast mir das Beste gegeben von deinem Leben, deiner Zeit, deiner Zuwendung. Komm, laß uns eins werden!« Oder wird er sagen: »Ich kenne dich nicht. Du hast behauptet, daß du mich liebst, aber deine Taten haben deine Worte Lügen gestraft. Für alles mögliche hattest du Zeit – Familie, Kinder, Enkel, Freunde, Karriere –, aber ich kam unter ›ferner liefen‹. Wir waren nie zusammen, ich hatte nie dein Herz. Und jetzt ist es zu spät.«

Wie werden wir vor ihm stehen an jenem Tag? Alles, was von dieser Welt ist, wird verbrennen. Werden Sie vor Christus bestehen können, weil Sie die Welt ausgesperrt und gerufen haben: »Jesus, ich will dich kennenlernen!«? Hören Sie auf den Heiligen Geist, der Ihnen in diesem Augenblick zuflüstert: »Hör zu, gib acht! Vergiß alles andere und mach einen Neuanfang! Bekenne es deinem himmlischen Vater, wenn du Jesus vernachlässigt hast. Tu Buße und gib dich ganz deinem Bräutigam hin.«

Beten Sie jetzt mit mir:

> O teures Lamm Gottes, ich will für dich schön sein! Vergib mir, daß ich dein Wort so wenig geachtet, dein Herz so wenig gewollt habe. Vergib mir, daß ich so viel Zeit mit all den anderen Dingen verbracht habe. Gib mir ein neues Herz, das dich erkennt. Ich will dir immer mehr verbunden sein.

Geben Sie dem Herrn alles hin – Ihre Zeit, Aufmerksamkeit, Gedanken, auch Ihr Geld –, und er wird sich um all diese Dinge kümmern. Sie werden nicht nach ihnen jagen müssen wie die Heiden, sondern Gott wird sie Ihrem Leben großzügig dazugeben. Er hat versprochen, für Sie zu sorgen. Wenn Sie sich von ganzem Herzen zu ihm wenden, wird er seinen Bund mit Ihnen und Ihren Lieben schließen. Geben wir uns ihm ganz hin, werden wir seine Braut – und wir werden schön werden in seinen Augen!

KAPITEL 5

KÄMPFEN UND GEWINNEN

Beharrliches Beten und was es kostet

Paulus schreibt: »Kämpfe den guten Kampf des Glaubens; ergreife das ewige Leben« (1. Tim 6,12). Und gegen Ende seines Dienstes kann er sich rühmen: »Ich habe den guten Kampf gekämpft, ich habe den Lauf vollendet, ich habe Glauben gehalten« (2. Tim 4,7).

Paulus war einer, der bis zum Tod kämpfte, und viele andere unserer Glaubensväter sind ebenfalls kämpfend gestorben. Der Autor des Hebräerbriefs stellt fest: »(Sie) sind stark geworden im Kampf und haben fremde Heere in die Flucht geschlagen« (Hebr 11,34). Männer wie Josua und Kaleb waren bis zu ihrem Ende große Krieger.

Wie haben Sie im letzten Jahr gekämpft? Waren Sie manchmal so bedrängt, daß Sie den Kampf verloren haben? Sind Sie ein schwacher, passiver Soldat des Kreuzes geworden – entmutigt, verwundet, verwirrt? Es ist mein Gebet, daß diese Botschaft des Heiligen Geistes Ihnen neuen Kampfgeist geben wird, so daß Sie von neuem den Waffen des Teufels furchtlos entgegentreten. Es ist Zeit, wieder auf die Beine zu kommen und den guten Kampf zu kämpfen!

Jakob ist unser Beispiel dafür, wie man kämpft, ohne aufzugeben, ja wie man mit Gott gewinnt. Als der Prophet Hosea den Israeliten ihre geistliche Feigheit vorhält, erinnert er sie an ihren Vater Jakob. Seine Botschaft: »Ihr seid schwach und passiv geworden, und jetzt überwältigt euch der Feind. Ihr wollt Jakobs Nachkommen sein, aber ich will euch zeigen, wie weit ihr euch von seinem Beispiel entfernt habt. Ich will euch zeigen, wie Jakob siegte – wie er die Kraft Gottes hatte!«

Was sagte Hosea den Israeliten über Jakob? »Schon im Mutterschoß hielt er seines Bruders Ferse, und in seiner Manneskraft kämpfte er mit Gott; er kämpfte mit dem Engel und siegte, er weinte und flehte zu ihm; zu Bethel hat er ihn gefunden, und daselbst redete er mit uns« (Hos 12,4-5 Schlachter).

In diesen paar Sätzen faßt Hosea drei Geheimnisse des rechten Kämpfens und Siegens mit Gott zusammen. Hier sind sie:

1. Er hielt seines Bruders Ferse (Hos 12,4 Schlachter)

Esau kam als erster aus dem Schoß seiner Mutter, und er war über und über mit Haaren bedeckt (sein Name bedeutet »behaart«). Doch noch im Mutterleib hatte sein Zwillingsbruder Jakob ihn an der Ferse gepackt. Sie muß ein Schock gewesen sein für die Hebamme, die Hand, die Esaus Ferse umklammerte.

Die Israeliten, die Hosea zuhörten, müssen einander perplex angeschaut haben: »Was soll das mit uns zu tun haben, mit unserem Kampf gegen den Feind?«

Aber Hoseas Botschaft war sehr einfach: »Hier ist ein Mann, der gierig auf Gott war, der alles haben wollte, was Gott für ihn hatte.« Um den Segen Gottes kämpfend kam Jakob aus dem Leib seiner Mutter. Es war etwas wie ein geistlicher Instinkt in diesem Kind; es war, als ob er sagen wollte: »Bruder, wenn du nicht die Fülle Gottes haben willst – ich will sie! Mach Platz, damit ich Gottes Segen kriege!«

Das Erstgeburtsrecht und der Segen, den Jakob sein ganzes Leben lang haben wollte, stehen für die Segnungen, die in Jesus

Christus sind. Jakob war nicht einfach hinter der doppelten Portion vom Besitz seines Vaters her, auch nicht hinter der Verheißung des Landes; das hat er bewiesen, als er 14 Jahre lang unter Laban schuftete. Nein, Jakob wollte mehr. Er wollte Gottes Segen, damit er in den Stambaum des Messias hineinkam. Und er wollte den priesterlichen Segen, was nicht nur bedeutete, daß er der Priester der Sippe war, sondern auch, daß er andere segnen konnte.

Wir sehen diesen priesterlichen Dienst im ganzen 27. Kapitel der Genesis. Isaak legt Jakob die Hände auf und segnet ihn. »... auf daß dich meine Seele segne« (1. Mose 27,4.19.27). Dieser Segen bedeutet, daß Jakob Gottes Hand auf sich hat und befähigt wird, andere zu segnen.

Genau dies wird auch von den Gläubigen in diesen letzten Tagen erwartet. Gott will sich ein Volk schaffen, dem es nicht nur um seinen Lebensunterhalt, ein eigenes Haus und ein schikkes Auto geht. Er sucht Menschen, die sich nach seinem Segen sehnen – nicht um ihn für sich selber zu verbrauchen, sondern um als Gottes Werkzeuge anderen zu helfen.

Jakobs Bruder Esau dagegen steht für all das, was Gott an den Menschen haßt. Er lebte nur für sich selber – für seine Selbsterfüllung und die Vergnügungen des Augenblicks. Nie dachte er an Gottes ewige Pläne. In Mal 1,2-3 (Elbf.) sagt Gott: »Und ich habe Jakob geliebt; Esau aber habe ich gehaßt ...«

Jakob war anders. Er lebte für Gottes Pläne, und seine Hand um Esaus Ferse war eine mächtige Botschaft: »Ich will nicht im Griff der Sünde sein, ich will überwinden! Ich will all das, was zum Satan gehört, packen und will widerstehen, ich will kämpfen und siegen. Ich will Gottes Hand auf mir, ich will seinen Segen, um jeden Preis. Ich wurde geboren, um ein Kanal für seinen Segen zu sein.«

Hosea benutzte dies, um Israel zurechtzuweisen: »Ihr haltet euch für Kinder Jakobs, aber ihr kennt nichts von seinem brennenden Hunger nach den Dingen Gottes. Ihr seid fleischlich und träge, ihr sucht nicht Gottes Fülle. Eure Hände strecken sich nach Selbstsüchtigem aus. Ihr seid kein bißchen wie euer Vater Jakob!«

Jahrelang kämpfte Jakob darum, Gottes Segen zu bekommen und zu erhalten. So wie er sollten alle, die zu Gottes Volk gehören, kämpfen. Wenn Sie nicht nach Jesus hungern – wenn Sie nur in den Himmel kommen und nicht mit den Nöten der anderen belästigt werden wollen –, haben Sie nichts, wofür sich zu kämpfen lohnt; dann sind Sie ein Seifenblasen-Christ, ein leichtes Ziel für den Teufel.

Das ist der Grund, warum so viele Jünger Jesu an alle möglichen Lüste und Gewohnheiten gebunden sind. Sie haben kein Kampfziel. Sie wollen ihre Sünde nicht an der Ferse packen und sie durch die Kraft Gottes überwinden; sie sagen: »Ich bin nun mal so.« Aber das stimmt nicht. Jeder, der den Kampf gegen die an ihm klebende Sünde aufnimmt, kann großen Sieg erhalten.

Kürzlich sagte mir ein junger Mann, der mit der Homosexualität spielt: »Ich kämpfe nicht dagegen, eigentlich mag ich es sogar.« Er wird erst dann frei werden, wenn er die Homosexualität als Sünde sieht und den Kampf aufnimmt. Packen Sie Ihre Sünde an der Ferse! Sagen Sie: »Gott, ich will deinen Segen, ich will deinen Sieg über alles in meinem Leben, das nicht so wie du ist!«

2. »In seiner Manneskraft kämpfte er mit Gott« (Hos 12,4 Schlachter)

14 Jahre lang hatte Jakob unter Laban gearbeitet, und zehnmal hatte Laban seinen Lohn verändert. Aber Jakob wurde reich, weil Gottes Hand auf ihm war. Jetzt wollten Labans Söhne ihn töten, weil sie sagten: »Er stiehlt uns arm!«

Jakob bekam Angst um seine Familie. Die Bibel berichtet, wie mitten in der Nacht Gott zu Jakob kommt: »Und der HERR sprach zu Jakob: Zieh wieder in deiner Väter Land und zu deiner Verwandtschaft; ich will mit dir sein« (1. Mose 31,3). Jakob gehorcht sofort. Er nimmt seine Familie und seine Herden und macht sich auf den Weg nach Hause.

Daß wir dies recht verstehen: Jakob ging zu Gottes Zeit, auf Gottes Ruf – und mit der Verheißung in den Ohren: »Ich will mit dir sein.« Gott selber schickte ihn auf diese Reise!

Doch obwohl er so in Gottes Willen stand, ein klares Gotteswort bekommen hatte und ihm vollkommen gehorchte, mußte Jakob durch eine der härtesten Prüfungen, die ein Gottesmann je durchgemacht hat. Er hatte Hunger nach Gott, er betete ihn an, stand vor seinem Altar, gehorchte ihm völlig – doch plötzlich ging alles drunter und drüber.

Zunächst die Nachricht, daß Esau kommt – mit 400 Bewaffneten, augenscheinlich auf Rache aus. »Da fürchtete sich Jakob sehr, und ihm wurde bange« (1. Mose 32,8). Er teilt seine Karawane in mehrere Abteilungen auf und schickt die erste voraus zu Esau, mit diesen Instruktionen: »Sagt Esau, daß all diese Kamele, Esel und Schafe sein sind – ein Geschenk von seinem Bruder Jakob.« Die anderen Abteilungen bekommen die Anweisung zu fliehen, falls die erste von Esaus Männern niedergemacht wird. Schließlich schickt er seine beiden Frauen, ihre Dienerinnen und die elf Söhne über den Jabbok und bleibt allein zurück.

Wir brauchen nur in unser eigenes Herz zu schauen, um uns vorstellen zu können, was in Jakob vorging in dieser einsamen Stunde. Ich sehe ihn vor mir, wie er auf- und abläuft, hilflos die Hände ringt. Er weint vor Gott: »Gott, da muß der Teufel dahinterstecken! Wie konntest du deinen treuen Knecht in so eine Prüfung schicken? Du hattest mir doch so klar gesagt, daß ich gehen soll, und ich habe dir aufs Wort gehorcht. Und jetzt – stehe ich vor einer ganzen feindlichen Armee! Meine ganze Familie in Lebensgefahr! Was ist das für eine Führung, Gott? Du hast mich hierhin gerufen, und jetzt hast du mich verlassen!«

Aber das war noch längst nicht alles. Als Jakob im tiefsten Loch der Verwirrung und Verzweiflung steckt, als er den Trost des Wortes Gottes braucht, kommt Gott zu ihm – aber als Feind, der mit ihm kämpft! »... und (Jakob) blieb allein zurück. Da rang ein Mann mit ihm, bis die Morgenröte anbrach« (V. 25). Vergegenwärtigen wir uns das einmal: Jakob sieht, wie jemand mit hoch erhobenen Fäusten auf ihn zukommt und ihn anruft: »Los, Jakob – kämpfe!«

Wenn je einer Grund hatte, aufzugeben, dann Jakob in dieser Stunde. Er war so tief am Boden, wie ein Mensch sein kann, und statt ihm ein aufmunterndes Wort zu gönnen, ruft Gott ihn zum Kampf auf! Jakob hätte sagen können: »Genug! Ich pack das nicht. Ich hab's versucht, ich hab gehorcht, aber ich sehe nur noch Chaos! Alles sagt mir, daß ich nicht in Gottes Willen bin. Ich weiß nicht mehr weiter. Gott, du hast versprochen, bei mir zu sein, und jetzt kommst du und willst mich zu Boden werfen.

Ich bin dem Tode nahe, und du sagst: ›Kämpfe!‹ Das hält kein Mensch aus. Mach, was du willst, ich kämpfe nicht mehr!«

Lieber Leser – so ging es mir auch schon! Ich weiß noch, wie ich an einem Fenster stand und auf New York hinausschaute. Neben mir flüsterte ein Todesengel: »Deine Tochter ist die nächste«, und von der anderen Seite kam die Stimme des Satans: »Ich zerstöre deine Familie, daß du Gottes Namen Unehre machst.« Alles schien sich aufzulösen. Ich zitterte vor Schmerz und Angst, und von allen Seiten grinsten die Dämonen.

Ich weiß, wie es ist, wenn man zu Gott schreit: »Gott, was ist das? Ich lebe doch nicht in Sünde, ich habe dir gehorcht, ich bin deinem Ruf in diese Stadt gefolgt, ich hab das hier nicht verdient – und du gibst mich dem Teufel preis! Ist das dein Lohn für treuen Dienst, Gott? Wenn ich gesündigt hab, dann zeig es mir, aber mach dem hier ein Ende, bitte!«

Und Gott kam nicht mit ausgebreiteten Liebesarmen zu mir, er flüsterte mir keinen Trost zu. Er kam mit gereckter Faust: »Steh auf, David, und kämpfe!«

Nicht Esau greift an, sondern die Zukunft!

Jakobs Not hieß nicht Esau. Vor Esau hätte Gott ihn errettet; schon in Bethel hatte er ihm doch versprochen, ihn bis ans Ende zu behüten, ja er hatte ihn die Himmelsleiter mit den Engeln sehen lassen. Nein, die Gefahr war nicht Esau – die Gefahr war Jakobs Verzagtheit angesichts seiner Zukunft.

Und so kommt Gott als Trainer zu Jakob – als Sparringpartner, der ihn zu einem starken Krieger machen will, der es mit jedem Feind aufnehmen kann.

Stellen wir uns vor, ein Boxtrainer fährt mit seinem Schützling in ein Trainingslager in den Bergen und verbringt die gesamte Trainingssaison damit, ihn moralisch aufzurüsten für den großen Kampf: »Ich werde im Ring bei dir sein. Ich werde dich nicht verlassen. Hier ist eine Liste der großen Boxer der Sportgeschichte. Studiere ihre Kämpfe. Selber trainieren brauchst du nicht, ich habe dich doch zum Sieger erklärt, und mehr als mein Wort brauchst du nicht. Wenn es dann soweit ist und du in den Ring steigst gegen das Monster Mensch, gebe ich dir noch schnell ein paar Tips, wie du es besiegen kannst.«

Ein hirnloser Trainer! Was ein wirklich guter Trainer machen würde, ist doch dies: Er würde seinem Schützling den besten Boxer, den er kriegen kann, als Trainingspartner in den Ring geben.

Aber wie viele Christen gibt es, die sich Gottesstreiter nennen, aber nie getestet oder trainiert worden sind? Wir hören so viel von den vielen Gebetskämpfern in Amerika, aber die allermeisten von ihnen haben nie einen Krieg gesehen. Sie haben nicht trainiert, sie sind nicht einsatzfähig.

Vor kurzem fragte ich Gott, warum so viele echte Gläubige es so schwer haben. »Warum dieses Leiden?« fragte ich. »Warum werden so viele bis an ihre Grenzen geführt?« Weil die meisten Christen den Kampf verlassen haben! Sie weigern sich, gegen den Teufel und sein Reich zu kämpfen. Und wenn Gott endlich einen findet, der nach seinem Segen hungert, dann stellt er ihn in den Ring ...

Gott weiß, daß der Satan zu seinem letzten Kampf auf diese Erde losgelassen wird. Unser Herr wird guttrainierte Kämpfer brauchen, die die Pforten der Hölle überwinden werden. Er ist dabei, seinen heiligen Rest zu trainieren!

Diese leidenden, tief geprüften Heiligen werden die Offiziere in Gottes Armee des Jüngsten Tages sein. Er gibt ihnen die Kampfkraft des Heiligen Geistes, er schafft Krieger, die geprüft und bewährt sind, weil sie mit Gott gerungen haben. Je mehr sie leiden, je schärfer ihre Prüfung, um so größer das Werk, das er für sie hat!

Diese Art Training verlangt äußerste Disziplin – nicht nur geistlich, sondern auch körperlich. Jakob warf seinen ganzen Körper, all sein menschliches Vermögen in den Kampf. Ein Geist des Kampfes war in ihm entfacht – und die Bibel sagt: »In seiner Manneskraft kämpfte er mit Gott« (Hos 12,4 Schlachter). Die alte englische King James Bibel übersetzt: »Durch seine Kraft hatte er Macht bei Gott.« Dieser Vers hat eine tiefe Bedeutung für alle, die im Gebet siegen wollen: Jakob siegte »durch seine Kraft«. So auch Sie: Wenn Sie in diesen letzten Tagen siegen wollen, müssen Sie Ihre ganze Kraft aufbieten.

Viele Christen erwarten, daß Gott ihre Lieben selig macht, Familienbande wiederherstellt und allgemein Wunder tut – ohne daß es sie etwas kostet. Sie wollen bequem im Lehnstuhl sitzen und schön glauben. Aber siegreiches Beten – zu Gott »durchbrechen«, Antworten bekommen, Ergebnisse sehen – wird unser Fleisch etwas kosten. Es hat auch Jesus etwas gekostet: »Und er hat in den Tagen seines irdischen Lebens Bitten und Flehen mit lautem Schreien und mit Tränen … dargebracht …« (Hebr 5,7). Obwohl Jesus wußte, daß er Gott im Fleisch war, weinte und schrie er zu seinem Vater.

Auch Jakob »weinte und flehte ihn um Gnade an« (Hos 12,4 Elbf.). Jakob war damals 97 Jahre alt, aber er saß nicht passiv im Sessel, sondern Gottes Geist kam auf ihn, und er rang und weinte und kämpfte um Gottes Segen!

Jakob merkte:
Er kämpfte nicht mit Esau, sondern mit Gott!

Dies ist eine der größten Lektionen, die wir lernen können. Unser Kampf ist nie mit Menschen – mit Kollegen, Nachbarn, unerlösten Verwandten –, sondern mit Gott! Wenn wir mit Gott im reinen sind, muß alles andere folgen. Wenn ich richtig vor Gott stehe – wenn ich mit Christi Blut besprengt bin, keine Sünde in meinem Leben habe, siegreich bete –, können alle Dämonen der Hölle nichts ausrichten gegen das, was Gott tun will. Er will, daß wir diese Kraft haben – heilige Kraft –, und das bedeutet, daß wir uns ganz einsetzen müssen.

Hosea sagte: »Auch mit Juda führt der HERR einen Rechtsstreit« (Hos 12,3 Elbf.). Was wirft Gott seiner Kirche vor? Daß sie geistlich träge ist! Wir wollen Wunder, Segnungen, Errettungen – aber alles gratis. Hosea sagt zu Israel: »Ihr wollt nur Wohlstand und Sicherheit. Ihr seid nicht bereit zu kämpfen. Ihr wollt nicht für Jahwe leben, sondern für euch selber!«

Wer unter Gottes Volk liegt heute die ganze Nacht betend, ringend, kämpfend, weinend vor Gott auf den Knien? Wer züchtigt sein Fleisch, um Gott zu suchen, wer bezwingt seinen Körper, um stundenlang zu beten, bis er durchbricht? Wer möchte so sehr heilig, rein, Christus ähnlicher werden, daß er sich mit Gott einschließt bis zum Sieg? Wem geht es so sehr darum, Gott zu gefallen, daß er von allen Süchten und Lüsten erlöst werden will, daß er schreit und kämpft und ringt, bis Gott alle Ketten zerbricht?

Jakob siegte »durch seine Kraft« – und das müssen Sie und ich auch! Wir haben Gottes Kraft, aber wir benutzen sie nicht. »... gekräftigt mit aller Kraft nach der Macht seiner Herrlichkeit, zu allem Ausharren und aller Langmut ...« (Kol 1,11 Elbf.). »... daß er euch Kraft gebe nach dem Reichtum seiner Herrlichkeit, stark zu werden durch seinen Geist an dem inwendigen Menschen« (Eph 3,16).

Die Gemeinde Jesu Christi wird nie sehen, was Gott für seinen Leib bereitet hat – bis er sieht, daß wir ihn ernstlich suchen. »Des Gerechten Gebet vermag viel, wenn es ernstlich ist« (Jak 5,16). Gott will, daß wir ihn packen – weil er uns liebt! Er sagt uns: »Hier ist es. Wenn du es willst, komm und hol es dir!« Er will einen Soldaten aus Ihnen machen, Sie stark machen für seine Armee!

3. »Zu Bethel hat er ihn gefunden, und daselbst redete er mit uns« (Hosea 12,5 Schlachter)

In Bethel sprach Gott nicht mit Jakob, sondern »mit uns«. Hosea spricht über Israel, aber auch über uns, Gottes Gemeinde heute. Er sagt uns, daß Gott in Bethel mit uns reden will.

Gott ist Jakob zweimal in Bethel begegnet:

- Das erste Mal, als Jakob auf der Flucht vor Esau war, dem er das Erstgeburtsrecht gestohlen hatte. Er hält an, um zu übernachten, und in seinem Schlaf sieht er im Traum eine Leiter, die bis zum Himmel reicht und auf der Gottes Engel auf- und absteigen. Hier sagt Gott ihm zum ersten Mal: »Und siehe, ich bin mit dir und will dich behüten, wo du hinziehst ...« (1. Mose 18,15). Mit anderen Worten: »Ab heute bin ich bei dir, wo du auch hingehst!«

Als Jakob aufwacht, sagt er: »Führwahr, der HERR ist an dieser Stätte ... Wie heilig ist diese Stätte! Hier ist nichts anderes als Gottes Haus, und hier ist die Pforte des Himmels ... und nannte die Stätte Bethel ...« (V. 16-12). *Bethel* bedeutet »Haus Gottes« – ein Ort der Begegnung mit Gott.

- Die zweite Gottesbegegnung in Bethel erlebt Jakob, nachdem zwei seiner Söhne, Simeon und Levi, aus Rache dafür, daß der Hiwiter Sichem ihre Schwester Dina vergewaltigt hatte, die ganze Stadt massakriert haben. Er sagt ihnen: »Ihr habt mich ins Unglück gestürzt und in Verruf gebracht bei den Bewohnern dieses Landes ... Wenn sie sich nun gegen mich versammeln, werden sie mich erschlagen. So werde ich vertilgt samt meinem Hause« (1. Mose 34,30).

Wieder wußte Jakob nicht aus noch ein. Doch dann heißt es: »Und Gott sprach zu Jakob: Mach dich auf und zieh nach Bethel und wohne daselbst ...« (1. Mose 35,1). Worauf Jakob sagte: »... laßt uns aufbrechen und nach Bethel ziehen, daß ich dort einen Altar errichte dem Gott, der mich erhört hat zur Zeit meiner Trübsal und mit mir gewesen ist auf dem Wege, den ich gezogen bin« (V. 2-3).

Das ist Bethel: ein Zufluchtsort in der Not! Und die Lektion für Israel und für uns heute ist dies: Wenn Jakob in Not oder Gefahr war, wenn alles schwarz und hoffnungslos aussah, wußte er, wohin er zu gehen und was er zu tun hatte. Gott sagte ihm: »Du weißt, wo ich zu dir reden werde, wo du meine Stimme hörst. Geh zurück nach Bethel, zu dem Altar, wo ich dir begegnet bin. Falle dort vor mir nieder, und reinige dein Haus von aller Abgötterei.«

Jakob forderte seine Söhne auf, alle ihre Götzenbilder zu bringen, und vergrub sie unter einer Eiche. Danach führte er seine Familie nach Bethel, wo er Gott einen Altar erbaute. Wieder sagte Gott zu Jakob: »Ich bin mit dir.« »Und es kam ein Gottesschrecken über die Städte, die um sie her lagen, so daß sie den Söhnen Jakobs nicht nachjagten« (V. 5). Die umliegenden Städte hatten Angst vor dem kleinen jüdischen Familienclan, weil Gott einen Schrecken auf sie legte!

Lieber Leser, der Herr ist immer noch der Gott von Bethel, und er sagt uns: »Geh nach Bethel, denn dort will ich dir begegnen. Jedesmal, wenn du in Not bist, laufe zu meinem Altar. Rufe mich an, suche meine Gemeinschaft!« Er wartet darauf, uns in unserem Gebetskämmerlein zu begegnen.

Aber nur wenige Christen laufen nach Bethel, wenn die Not zuschlägt. Das Gebet ist nicht das erste, was sie tun, sondern das letzte. Sie versuchen, selber durch den Sturm zu kommen. Sie rennen zu Freunden und Beratern – und verzweifeln dabei. Manche reisen sogar weit durch das Land, um ein »persönliches Wort« von sogenannten Propheten zu bekommen.

Aber Jakob wußte, wo er ein klares Wort von Gott selber bekommen konnte. Er ging zu Bethel, zu dem Altar. Er schloß sich im stillen Kämmerlein mit Gott ein.

Natürlich glaube ich, daß Gott zu uns redet. Aber das geschieht auf unseren Knien! Gott hat gesagt, daß er uns dort begegnen wird.

Ein Wort an einige Leser

Ich glaube, daß Gott mir dieses Wort an Sie und für den heutigen Tag gegeben hat. Heute, in diesem Augenblick ruft Gott Sie auf, Ihren Blick von allen äußeren Umständen zu nehmen. Beurteilen Sie nichts nach Ihrer augenblicklichen Lage, versuchen Sie nicht, sich alles auszurechnen, lassen Sie sich nicht von der Angst überwältigen. Gott wird Ihnen im Gebet begegnen! Er wird Ihnen bald sein Wort bringen. Er wird Sie nicht im Dunkeln lassen. Er weiß, daß Sie ihm gehorsam sind.

Akzeptieren Sie es, daß Sie in Gottes Schule sind. Schauen Sie nicht länger wie sieben Tage Regenwetter drein, werfen Sie alle Gefühle der Niederlage ab, stehen Sie auf und kämpfen Sie! Gott hat Ihnen die Kraft dazu gegeben, Sie haben sie nur noch nicht benutzt! Sie werden Gottes Stimme erst hören, wenn Sie allein mit ihm in Bethel sind – auf Ihren Knien vor ihm, weinend und rufend: »Herr, ich lasse dich nicht, du redest denn zu mir!«

Jetzt, in diesem Augenblick sagt Gott zu Ihnen: »Steh auf und kämpfe!« Weil er Sie liebt und will, daß Sie all seine Segnungen in Anspruch nehmen. Stehen Sie also im Glauben auf und ergreifen Sie seine Verheißung. Stehen Sie auf und kämpfen Sie. Sie haben seine Kraft – benutzen Sie sie!

KAPITEL 6

WENN ICH MIR KEINEN RAT MEHR WEISS

In hoffnungslosen Fällen Gott vertrauen

»Die mit Schiffen auf dem Meere fuhren und trieben ihren Handel auf großen Wassern, die des HERRN Werke erfahren haben und seine Wunder auf dem Meer, wenn er sprach und einen Sturmwind erregte, der die Wellen erhob, und sie gen Himmel fuhren und in den Abgrund sanken, daß ihre Seele vor Angst verzagte, daß sie taumelten und wankten wie ein Trunkener und wußten keinen Rat mehr« (Ps 107,23-27).

In diesem Psalm liegt der Ort namens »Kein Rat mehr« auf dem Deck eines Schiffes in sturmbewegter See. Haushohe Wellen heben das Schiff hoch hinauf, um es gleich darauf in die Tiefe stürzen zu lassen. Stürmische Winde werfen es wie eine Nußschale hin und her, daß die Matrosen wie Betrunkene dahertaumeln. Die Segel sind nur noch Fetzen, ein Brecher nach dem anderen kracht auf das Deck. Es scheint alles aus zu sein, hilflose Verzweiflung packt die Seeleute. Sie sind der Wut der Elemente ausgeliefert, unfähig, den Sturm zu stoppen und sich zu retten.

»Und wußten keinen Rat mehr« – dieser Zustand befällt früher oder später jeden Christen. Wir stecken in der Sackgasse, alle Karten sind ausgereizt, alle menschlichen Möglichkeiten erschöpft. Es gibt keine Rettung mehr – außer durch Gott selber.

Wissen Sie auch keinen Rat mehr?

Vielleicht ist es bei Ihnen gerade soweit. Wie die Matrosen auf dem Schiff, sind Sie Ihren Alltagsgeschäften nachgegangen. Sie sind weitergegangen mit Jesus. Doch dann kommt eines Tages ein Sturm auf, und die Wellen der Not krachen von allen Seiten auf Sie herab.

Ein Unglück kommt bekanntlich selten allein. Unsere Lebensnöte kommen tatsächlich wie Wellen, eine nach der anderen, rasch und heftig und immer höher und höher. Es ist, als ob die Sonne fort ist, die Luft ist plötzlich eisig, die Windböen kommen. Unsere Seelen verzagen vor Angst (V. 26; im hebräischen Urtext werden sie vor Angst ohnmächtig).

Dabei ist es Gott selber, der den Sturm schickt (»wenn er sprach und einen Sturmwind erregte« V. 25). Er hat die Schiffsbesatzung in diese Not gebracht. Der Wind, die Wellen, die Brecher – es kommt alles von ihm!

Und genau dies kann sehr stärkend sein für unseren Glauben. Wir dürfen wissen: Für den, der seinen Weg mit Gott geht, sind alle Stürme und Nöte im Leben von Gott verordnet. Sie kommen nicht vom Teufel oder von irgendeiner Sünde; der Herr selber hat uns ans Ende unseres Lateins gebracht – und er hat einen Plan damit.

»Geliebte, laßt euch die Feuersglut der Leiden, die zur Prüfung über euch ergeht, nicht befremden, als ob euch damit etwas Unbegreifliches widerführe, sondern freut euch in dem Maße, wie ihr an den Leiden Christi teilnehmt, damit ihr auch bei der Offenbarung seiner Herrlichkeit euch freuen und jubeln könnt« (1. Petr 4,12-13 Menge). Gott ist von Ihrer Prüfung nicht überrascht. Im Gegenteil: Sie geschieht, weil er in Ihrem Herzen etwas schaffen, seine Herrlichkeit in Ihnen offenbaren möchte.

Aber für Sie ist dies vielleicht der schlimmste Sturm im Leben! Es kann eine finanzielle Notlage sein, Geschäftsprobleme, Verleumdung, Familienprobleme oder eine persönliche Katastrophe. Ruhelos gehen Sie zu Bett, und beim Aufwachen ist der dumpfe Schmerz gleich wieder da. Die schwarze Wolke bleibt über Ihnen, bis Sie eines Tages schreien: »Gott, wieviel mehr muß ich noch ertragen? Wie lange muß ich hier durch? Wann ist das endlich zu Ende?«

Wann endete der Sturm für die Seeleute in Psalm 107? Wann brachte Gott sie in den ersehnten sicheren Hafen? Der Psalmist berichtet uns zwei Dinge:

- Zunächst kommen die Seeleute ans Ende ihres Lateins, wo sie alle menschliche Hoffnung auf Hilfe aufgeben. Sie sagen: »Wir können uns nicht selber retten, kein Mensch hilft uns hier heraus!«
- Danach wenden sie sich in ihrer größten Not an Gott und rufen ihn um Hilfe an.

»Die dann zum HERRN schrien in ihrer Not, und er führte sie aus ihren Ängsten und stillte das Ungewitter, daß die Wellen sich legten und sie froh wurden, daß es still geworden war und er sie zum erwünschten Lande brachte« (Ps 107,28-30).

Wenn Sie ein wahres Gotteskind sind – wenn Sie möchten, daß er Sie in das Bild seines Sohne hineinformt –, dann wird der Kampf erst enden, wenn Sie es aufgeben, selber alles lösen zu wollen, und sich bedingungslos in Gottes Arme werfen. Solange er nicht seine ewigen Ziele mit Ihnen erreicht hat, wird das Unwetter der Not nur weitertoben.

Vielleicht sind Sie gerade dabei, den Sturm am Toben zu halten und die Ruhe, die Gott Ihnen schenken will, zu verpassen. Wie ist so etwas möglich? Es geschieht, wenn wir Gott dauernd bezweifeln, immer wieder murren und klagen; wenn wir hilfesuchend einen Freund anrufen, uns an Ratgeber, Psychologen, Rechtsanwälte, Experten wenden, einen Stapel Lebenshilfebücher kaufen, hektisch nach dem einen großen Schlüssel ausschauen, der uns die Tür in die Freiheit aufschließen wird.

Lieber Leser, mit so etwas verlängern Sie Ihre Prüfung nur! Das klingt jetzt vielleicht recht einfach, aber Gott wartet die ganze Zeit nur darauf, daß Sie ihm wie ein Kind vertrauen. Sie werden den Sturm nur noch schlimmer machen, wenn Sie sich weigern zu kapitulieren und zu rufen: »Gott, ich bin am Ende, und die einzige Lösung bist du!«

Gott führt uns so lange in Sackgassen, bis wir lernen, ihm völlig zu vertrauen

Als die Israeliten durch die Wüste wanderten, brachte Gott sie wieder und wieder ans Ende ihres Lateins. Aber jedesmal weigerten sie sich, zu lernen.

Als erstes führte er sie an einen Ort namens Pi-Hahirot, zwischen Migdol und dem Meer (2. Mose 14,2). Er hatte sie eingeschlossen – vor ihnen das Wasser, zu beiden Seiten die Berge, hinter ihnen die Armee des Pharao. Eine komplette Sackgasse.

Hätten die Israeliten der Verheißung, die Gott ihnen gegeben hatte, ganz schlicht geglaubt, sie hätten frei sein können von jeder Sorge und Angst. Gott hatte ihnen gesagt: »Da hast du gesehen, daß dich der HERR, dein Gott, getragen hat, ... der auf dem Weg vor euch herging, euch die Stätte zu weisen, wo ihr euch lagern solltet, ... um euch den Weg zu zeigen, den ihr gehen solltet ...« (5. Mose 1,31-33).

Mit anderen Worten, Gott sagte ihnen: »Ich werde mit euch gehen! Ich will euch tragen, wie ein Mann seinen Sohn trägt, ich werde vor euch hergehen und euch zeigen, wo ihr eure Zelte aufschlagen könnt. Wo meine Wolkensäule anhält, da sollt ihr euch lagern.«

Und jetzt hielt die Wolkensäule zwischen Migdol und dem Roten Meer an – ein Ort der Ratlosigkeit. Wie sollte Israel an das andere Ufer kommen? Und von hinten nahte in Eilmärschen die ägyptische Armee.

Sitzen Sie gerade auch so in der Klemme? Wie sind Sie da hineingekommen? Meinen Sie, das hat der Teufel getan? Meine Antwort ist: »Der HERR lenkt die Wege des Mannes ...« (Ps 37,23 Bruns). Egal, was Sie gerade durchmachen, egal, wie dunkel alles aussieht – Gott hat Sie hierhin gebracht!

Für Gott gibt es keine Überraschungen. Er braucht nie zu improvisieren, keine Münze zu werfen, um zu sehen, was er mit uns machen soll. Schon lange bevor die Israeliten Ägypten verlassen hatten und nach Migdol gekommen waren, war Gottes Plan für sie fertig gewesen. Die Winde hatten schon den Befehl erhalten, zu einer ganz bestimmten Stunde das Wasser zu Wänden hochzublasen. Er wußte genau, was er tun würde.

Auch heute hat Gott einen Plan, wie er uns aus unserem Sturm herausführen wird. Er hatte ihn schon lange bevor der Sturm begann. Aber er wird ihn bis zum letzten Augenblick zurückhalten und darauf warten, daß wir ihm vertrauen. Er will sehen, ob wir unser Leben in seine Hand legen und sagen: »Auf Leben oder Tod, ich vertraue auf Gott!«

Die Israeliten bestanden den Test nicht. Sie verzagten vor Angst. Gott führte seinen Rettungsplan für sie trotzdem durch und tat ein gewaltiges Wunder – mit dem Ergebnis, daß Israel sein Glaubenslied auf dem falschen Ufer des Meeres sang. Hätte es einfach Gottes Verheißung, es durchzutragen, geglaubt, es hätte die Prüfung bestanden.

Wenn wir in unseren Sackgassen in Panik geraten und Gott vorwerfen, uns im Stich zu lassen, wird er dennoch im letzten Augenblick eingreifen und uns retten. Doch danach wird früher oder später die nächste Prüfung folgen – weil wir die erste nicht bestanden haben.

Ganze drei Tage nach dem Durchzug durchs Rote Meer steckte Israel schon in der nächsten Krise. Die Menschen waren erschöpft von der Hitze und dem Durst. Verzweifelte Kundschafter meldeten: »Vor uns, in Mara, gibt es Wasser, aber es ist bitter und ungenießbar!«

Die Bibel sagt sehr klar: Nicht der Teufel führte Israel in diese neue Glaubensprüfung, sondern Gottes Wolkensäule. Wieder wußten die Israeliten nicht ein noch aus, und ein Weinen ging durch das Lager, eine furchtbare Anklage gegen Mose und Gott: »Du hast uns zum Sterben hierher geführt!«

Wußte Gott, daß das Wasser von Mara bitter war? Natürlich! Und er hatte schon einen Plan. Bei diesem bitteren Teich wuchs ein Baum, und den würde er benutzen, um das Wasser süß zu machen.

Vor wie vielen Jahren hatte Gott wohl diesen Baum dorthin gepflanzt? Wie oft hatte die Sonnenhitze den Baum austrocknen wollen? Wie viele Würmer hatten versucht, ihn abzutöten, wie viele Wanderer ihn fällen wollen? Niemand durfte ihn anrühren, weil Gott einen Plan mit ihm hatte: »Eines Tages werden meine Kinder hierherkommen und Süßwasser brauchen, und dann werde ich diesen Baum benutzen. Ich habe einen Plan für ihre Errettung!«

Dieser Baum in der Wüste steht natürlich für das Kreuz. Lieber Leser, Gott hat auch für Sie schon längst einen Rettungsbaum gepflanzt. Er weiß genau, wann und wie er Ihr Problem lösen wird. Er wird es tun. Alles, was er will, ist, daß Sie ihm still vertrauen. Er will, daß Sie sagen: »Mein Gott ist mit mir, er weiß den Weg aus meiner Not!«

»Kein Rat mehr« – das heißt Leiden, Schmerz, Unsicherheit

So war es, als Israel nach Refidim kam:

»Und die ganze Gemeinde der Israeliten zog aus der Wüste Sin weiter …, wie ihnen der HERR befahl, und sie lagerten sich in Refidim. Da hatte das Volk kein Wasser zu trinken … Und sie … murrten … wider Mose und sprachen: Warum hast du uns aus Ägypten ziehen lassen, daß du uns, unsere Kinder und unser Vieh vor Dust sterben läßt? Mose schrie zum HERRN und sprach: Was soll ich mit dem Volk tun? Es fehlt nicht viel, so werden sie mich noch steinigen« (2. Mose 17,1-4).

Gott hatte Israel an die trockenste Stelle der gesamten Wüste geführt. Es war ein Ort der Prüfung – kein Bach, kein Brunnen, kein Tropfen. Und das Befremdlichste war, daß Gott selber das Volk hierhin geführt hatte (vgl. V. 1).

Gott selbst ließ es zu, daß seine Leute Durst bekamen (V. 3). Säuglinge schrien, Kinder jammerten, den Alten klebte die Zunge am Gaumen. Eltern schauten in die Runde ihrer Lieben und dachten: »Ein paar Tage noch, und wir sind alle tot.« Und sie bestürmten Mose: »Gib uns Wasser zu trinken!« Sie verließen sich immer noch auf das Menschliche, auf das Fleisch!

Lassen Sie mich einen Augenblick innehalten. Erst hatte Gott die Israeliten ans Rote Meer geführt, um ihr Vertrauen zu prüfen, und sie hatten ihm nicht vertraut. Die nächste Prüfung kam in Mara, und wieder versagten sie. Jetzt bringt er sie nach Refidim. Sehen Sie das Muster? Wenn wir nicht lernen, Gott wie ein Kind zu vertrauen in unseren Prüfungen, wird er uns in die nächste Prüfung schicken – in eine nach der anderen.

So auch hier bei Israel. Die Menschen waren ausgelaugt, durstig und zornig. Aber Gott hatte schon einen Plan. Er würde sie nicht sterben lassen. Er hatte sie mit Bedacht an den Horeb geführt, wo er lange zuvor einen Wasservorrat für sie angelegt hatte. Die Quelle würde nicht einen Tag sprudeln oder eine Woche oder einen Monat, sondern 38 Jahre.

Aber Gott wartete auf eine Glaubensreaktion von Israel. Er sagte: »Ich habe euch durch soviel hindurchgeführt, und ihr habt immer noch nicht gelernt. Wollt ihr mir jetzt endlich vertrauen? Wie viele Probleme muß ich noch in eurem Leben zulassen, bevor ihr mir vertraut?«

Heute stehen viele Christen in der Prüfung der Arbeitslosigkeit. Sie haben eine Bewerbung nach der anderen verschickt, aber nichts tut sich. Sie haben ihre Ersparnisse aufgebraucht und sind jetzt von Gläubigern umzingelt. Ihre Lage sieht absolut hoffnungslos aus.

Andere haben eine Arbeitsstelle, aber nicht genug Arbeit. Das Gehalt reicht einfach nicht. Viele junge Leute haben zu ihren Eltern zurückziehen müssen, Tausende alleinerziehender Mütter müssen sich mit einem winzigen Einkommen durchschlagen. Auch viele Geschäftsleute kommen gerade eben über die Runden. Explodierende Steuern, wachsende Regulierwut, unsichere Profite verschaffen ihnen schlaflose Nächte. Die Konkurrenz wird immer härter, und sie haben alle Ideen und Alternativen erschöpft. Was soll nur werden?

Und dann kommen diese sorgenbeladenen Menschen in die Kirche und singen ihre Anbetungslieder. Sie heben die Hände, setzen ein breites Lächeln auf, umarmen einander. Aber in ihrer Seele herrscht die Angst; sie sind am Ende.

Ich frage Sie: Haben wir als Gottes Kinder keine andere Wahl als nur Angst, schlaflose Nächte, endloses Grübeln und Zweifeln? Wie war es denn bei den Israeliten? War ihr Sorgen und Murren die einzige Option für sie? War ihre Reaktion allgemein menschlich, das natürliche Ergebnis des Sich-sorgens um seine Lieben?

Lassen Sie mich eine Gegenfrage stellen: Weiß Gott nicht in jeder Not schon vorher, was er tun wird? Hat er nicht immer schon längst einen Plan? Hatte er am Roten Meer nicht schon längst die Winde vorbereitet? Hatte er nicht in Mara den Baum gesetzt, der das Wasser süß machte? Hatte er nicht am Horeb längst den Felsen ausgesucht, der für Jahrzehnte Israel mit Wasser versorgen würde?

Unser himmlischer Vater würde seine Kinder nie in eine Wüste führen, nur um sie dort verdursten zu lassen! Gott hat noch immer einen Plan für die Seinen gehabt. Er hat auch für Sie einen Plan, er wird Sie erretten aus der Not, in der Sie gerade sind. Es gibt kein Problem, mit dem er nicht fertig wird.

Ich möchte Ihnen zeigen, warum Gott Israel bis an den Rand des Untergangs führen mußte, bevor er sein Wunder tat:

Was Wunder *nicht* bewirken

Auch Wunder haben ihre Grenzen. Es gibt viele Christen, die Jahr um Jahr lange Reisen machen, um Zeichen und Wunder zu erleben. Doch ironischerweise kommen diese Wundersucher nie zu einem anhaltenden Glauben, denn Wunder führen selten zum Glauben; statt dessen brauchen sie immer größere und spektakulärere Wunder.

Niemand hatte je so viele Gottestaten erlebt wie Israel. Ein Wunder nach dem anderen schenkte Gott diesem Volk – und jedesmal war es anschließend genauso wankelmütig und ungläubig wie zuvor. Man hätte meinen sollen, daß die Plagen über Ägypten die Israeliten zum Glauben hätten bringen sollen. Ägypten erstickte vor Stechfliegen – unter den Israeliten war keine einzige. In Ägypten war es drei Tage finster – bei den Israeliten nicht. Doch keine dieser Plagen brachte irgendein Gottvertrauen hervor.

Selbst als Gott das Rote Meer für sie geöffnet hatte, dauerte Israels Glaube nur drei Tage: »Sie gedachten nicht der Menge deiner Gnadenerweise, sie waren widerspenstig am Meer, am Schilfmeer« (Ps 106,7 Elbf.). Der Psalmist sagt hier: »Sogar am Roten Meer, wo er das größte Wunder vollbrachte, zweifelten sie an Gott!«

Die Ältesten Israels waren dabei, als Mose in Refidim den Felsen schlug und das Wasser herausströmte. Ganz Israel trank sich satt – aber Glauben schuf dieses Wunder nicht. Gott schickte ganze Wachtelschwärme; Hunderttausende von Vögeln fielen nachts mitten in das Lager, so daß die Israeliten Fleisch zu essen hatten – aber immer noch glaubten sie nicht. Nach den Wachteln kam das Manna – und immer noch kein Gottvertrauen. Nach so vielen Wundern rangen Gottes Kinder immer noch die Hände und schrien: »Ist der HERR unter uns oder nicht?« (2. Mose 17,7). Mit anderen Worten: »Ist Gott überhaupt bei uns? Wie kann er uns führen, wenn wir so viele Probleme haben?«

Vierzig Jahre lang bekam Israel durch Wunder zu essen und zu trinken, hatte eine Wunderwolke bei Tag, ein Wunderfeuer bei Nacht, Gottes wunderbaren Schutz und Wunderkleidung, die nicht verschliß. Mose konnte dem Volk sagen: »Vierzig Jahre ist der HERR, dein Gott, bei dir gewesen. An nichts hast du Mangel gehabt« (2. Mose 2,7). Doch immer noch zweifelte es. Bis auf zwei Menschen sind alle Zeugen dieser Wunder in der Wüste gestorben – in völligem Unglauben!

Wir sind so sehr wie Israel. Wir möchten, daß Gott ein Wort spricht, uns eine wunderbare Errettung schenkt, uns gibt, was wir brauchen, uns alles Leid und jeden Schmerz wegnimmt. Vielleicht sagen Sie gerade: »Gott, hilf mir hier heraus, tu ein Wunder, nur dieses eine Mal, und ich will nie mehr an dir zweifeln!« Aber was ist denn mit den Wundern, die er schon längst für Sie getan hat? Offenbar haben Sie in Ihnen kein Gottvertrauen für Ihre gegenwärtige Not hervorgebracht.

Vor kurzem besuchten zwei liebe Zulu-Christen aus Afrika meine Kirche, die Times Square Church. Zur Zeit geht eine unglaubliche Erweckung durch die 8 Millionen Zulus, und Gott tut Wunder unter ihnen. So gab es nachweislich über zehn Totenauferweckungen. Aber das war es nicht, worüber meine Besucher reden wollten. Was sie an dieser Erweckung am meisten bewegte, waren die »Überwinder-Zulus« – Menschen, die für Christus aufstehen, Zauberbücher verbrennen und mutig seine Macht bezeugen, obwohl sie durch schwere Prüfungen müssen. Aus bösen, mörderischen Männern sind Menschen geworden, die in das Bild Jesu verwandelt werden.

Ich glaube, das größte Zeichen und Wunder für die Welt in unserer letzten Zeit ist nicht, daß jemand vom Tode auferweckt wird. Nein, was das Herz des Gottlosen wirklich anrührt, ist der Christ, der alle Prüfungen, Stürme, Schmerzen und Leiden mit Glaubenszuversicht erträgt. Solch ein Gläubiger geht aus seinen Nöten gestärkt hervor – in seinem Charakter, in seinem Glauben, in Christus.

Kürzlich las ich von einer Kleinstadt in Ungarn, die eine erschreckende Selbstmordrate hat. »Die Stadt, in der der Tod wohnt«, nannte die Zeitung sie. Die Bewohner nehmen sich auf alle erdenkliche Arten das Leben. Ein Mann stürzte sich in einen leeren Brunnen, ein anderer erhängte sich. Mehrere Menschen haben Schlaftabletten genommen, andere haben sich die Pulsadern aufgeschnitten, Unkrautmittel geschluckt, sich vor Züge geworfen. Ganze Familien sind in den Tod gegangen, vom Teenager bis zum Großvater.

Die Stadt heißt Asotthalom, liegt hundert Meilen südlich von Budapest und ist das, was man ein gottverlassenes Nest nennt. Ein Arzt, der dort eine psychiatrische Praxis hat, erzählte einem Reporter: »Manche nennen die Straße hierher ›Landstraße zur verfluchten Stadt‹. Die Leute glauben, daß Gott uns nicht besonders mag.«

Was für ein zerstörerischer Unglaube! Es gibt keine schlimmere Verzweiflung, als zu glauben, daß Gott gegen mich ist. Das war Israels Problem, und nur zu oft ist es auch das unsere – jenes unausgesprochene Gefühl, daß all unsere Leiden und Probleme daher rühren, daß Gott uns nicht will.

**Wenn wir nicht mehr weiter wissen,
gibt es zwei Möglichkeiten:**

Der Christ, der in der Sackgasse steckt, wird entweder mit einem Fluch oder mit einem Segen aus ihr herauskommen – er wird auf Menschen vertrauen oder endlich ganz auf Gott. Wie wird es bei Ihnen sein?

Jeremia schreibt: »So spricht der HERR: Verflucht ist der Mann, der sich auf Menschen verläßt und hält Fleisch für seinen Arm und weicht mit seinem Herzen vom HERRN. Der wird sein wie ein Dornstrauch in der Wüste und wird nicht sehen das Gute, das kommt, sondern er wird bleiben in der Dürre der Wüste, im unfruchtbaren Lande, wo niemand wohnt. Gesegnet aber ist der Mann, der sich auf den HERRN verläßt und dessen Zuversicht der HERR ist. Der ist wie ein Baum, am Wasser gepflanzt, der seine Wurzeln zum Bach hin streckt. Denn obgleich die Hitze kommt, fürchtet er sich doch nicht, sondern seine Blätter bleiben grün; und er sorgt sich nicht, wenn ein dürres Jahr kommt, sondern bringt ohne Aufhören Früchte« (Jer 17,5-8).

Der erste Mensch, von dem Jeremia hier spricht, wartet nicht auf Gottes Handeln, sondern nimmt die Sache in seine eigene Hand; er macht seine eigenen Pläne, setzt auf »Beziehungen«, sucht Abkürzungen. Er ist ständig am Planen, Tüfteln, Manipulieren. Seine Devise ist: »Es kommt nicht darauf an, was du weißt, sondern wen du kennst«; er ist ständig auf der Suche nach jemandem, der ihm seine Probleme löst.

Ein solcher Mensch wird, so die Bibel, innerlich vertrocknen: »Der wird sein wie ein Dornstrauch in der Wüste ...« (V. 6). Es ist kaum noch Leben in ihm, er trägt keine Frucht. Er steht ständig kurz vor dem Sterben. Und er »wird nicht sehen das Gute, das kommt« (V. 6), d.h. er kennt nicht die Freude, von Gott errettet zu werden, und was er für gut hält, verwandelt sich in Elend. Er ist isoliert, er wohnt »im unfruchtbaren Lande« (V. 6). Er verdorrt und vertrocknet, er kommt nicht zur Ruhe.

Wie ganz anders der Mensch, der Gott in seinen Krisen vertraut: »Gesegnet aber ist der Mann, der sich auf den HERRN verläßt und dessen Zuversicht der HERR ist« (V. 7). Diese Art Christ ist »gepflanzt«. Er hat Wurzeln, Stabilität, lebendiges Wasser. Er wächst, er ist fruchtbar und grün und voller Leben und Frische. Und er »sorgt sich nicht, wenn ein dürres Jahr kommt« (V. 8); wenn es eng wird im Leben, hat er keine Angst. Er sagt: »Jesus, ich will nicht mehr darauf spekulieren, daß Menschen mich hier heraushauen. Ich traue allein auf dich. Du bist mein einziger Helfer, meine einzige Hoffnung! Ich schaue auf dich, du wirst mich durchtragen!«

Dies ist der Glaube, den Gott von uns in unserem Lebensalltag erwartet. Sie protestieren vielleicht: »Aber Bruder David, ich bin immer noch arbeitslos und in Not!« Aber ich muß Gottes Wort glauben: »Vertraue mir, und ich werde dich segnen!«

Sie mögen entgegnen: »Aber ich weiß nicht, was ich machen soll. Der Sturm tobt immer noch, es ist alles so hoffnungslos, ich sehe keine Hilfe kommen.« Doch Gott sagt immer noch: »Vertraue mir, Kind, und ich werde dich segnen!«

Es ist egal, was Ihre Not ist: Ihre Familie, Ihr Geschäft oder ob Sie morgen zu essen haben. Wenn Sie völlig auf Gottes Wort und seine Treue vertrauen, gilt Ihnen sein Segenszuspruch – und Gott kann nicht lügen! Mag dann Wind und Hitze kommen, Sie werden fest stehen, weil Sie gelernt haben, in allen noch so entnervenden Lebenslagen Gott zu vertrauen. Sie werden ein grüner Baum sein, der die reiche Frucht des Gottvertrauens trägt – und Ihre Mitmenschen, die Ihren stillen Glauben sehen, werden selber neue Hoffnung bekommen.

> Gott, hilf uns, unseren Willen, unsere Pläne, unser alles dir auszuliefern, wenn wir keinen Rat mehr wissen. Mögen die Sackgassen unseres Lebens uns neues Vertrauen auf unseren liebenden Vater im Himmel geben.

KAPITEL 7

DIE SALOMONISCHE KIRCHE

Heiliger Geist oder Geist von Laodizea?

Ich glaube, daß König Salomo ein Symbol für den Geist und das Wesen der modernen Laodizea-Kirche der Endzeit ist. Und diese Kirche – in Amerika und überall auf der Welt – geht dem gleichen Schicksal entgegen wie einst Salomo.

Die Bibel berichtet uns: »Und Salomo, der Sohn Davids, wurde mächtig in seinem Königtum, und der HERR, sein Gott, war mit ihm und machte ihn immer größer« (2. Chr 1,1).

Die Kirche Jesu Christi hat in unseren Tagen den mächtigen Segen Gottes erfahren. Alle möglichen Projekte sind ihr möglich. Man schaue sich nur einmal an, was für große, schöne Kirchenneubauten heute in Amerika hochgezogen werden. Eine kürzlich erbaute große Pfingstkirche hat 28 Millionen Dollar gekostet, und es gibt andere Kirchenbauten, die 40–50 Millionen Dollar wert sind.

Sie ist finanziell hoch gesegnet, die Kirche in Amerika. Millionen fließen für Fernsehevangelisationen, christliche Bücher, Cassetten, Missionen, Institutionen, Bibelschulen und Projekte aller Art. Man denke nur an all die riesigen Konferenzen, die gutbesuchten Seminare, den Pomp und Prunk der Megakirchen.

Ursprünglich hatten alle diese kirchlichen Aktivitäten ein Stück von Gottes Geist in sich. Die meisten begannen mit den gleichen Segnungen, die Gott über Salomo ausgeschüttet hatte. Salomo war wohlorganisiert. Er war viel gebildeter als sein Vater David. Er machte alles besser und in größerem Maßstab als die Generationen vor ihm. Sein Verwaltungstalent war so groß und sein Prunk so gewaltig, daß der Königin von Saba schwindlig wurde, als sie nur sah, wie er zum Tempel hinaufstieg.

Aber was war Salomos Triebfeder? Weisheit und Erkenntnis. Dies war seine Herzensbitte zu Gott: »So gib mir nun Weisheit und Erkenntnis, daß ich vor diesem Volk aus- und eingehe; denn wer kann dies dein großes Volk richten?« (2. Chr 1,10).

Ist dies nicht ein wunderbares Gebet? Fand nicht sogar Gott es gut (V. 11)? Aber da war ein Problem: Dieses Gebet kreiste völlig um Salomo! Dieser begabte, selbstbewußte König sagte: »Gib mir die Werkzeuge, Gott, und ich mache die Arbeit! Gib mir die Weisheit und die Erkenntnis, und ich bringe alles auf die Reihe bei diesem Volk, ich schaffe das schon!«

Salomos Gebet war nicht das seines Vaters David, des Mannes nach Gottes Herzen. Es war das Gebet einer neuen Generation – einer Generation mit Bildung und neuen Ideen und Fertigkeiten. Seine Devise war: »Ich brauche Weisheit und Erkenntnis.«

Die Kirche des Informationszeitalters

Weisheit und Erkenntnis – das ist auch die treibende Kraft der heutigen Laodizea-Kirche. Sie ist eine Kirche der Informationsströme. Computer mit zahllosen Megabytes, Bibeln und Kommentare auf CD-Rom, Software über Philosophie, Seelsorge, Spendenaktionen, Kinderarbeit … Man schiebt eine kleine Scheibe in seinen Computer, drückt einen Knopf, und – zack! – sagt einem der Bildschirm alles, was man wissen will.

Nichts gegen Computer. Unsere eigene Kirche würde ohne sie weniger gut funktionieren. Aber sie sind schon ein lustiger

Anblick, all die jungen Pastoren, die stundenlang vor Tastaturen und Faxgeräten sitzen, die ihre Informationen, Ideen, Strategien und Vernetzungen ausspucken. Sie predigen ein digitalisiertes Evangelium – aber Seelen retten tun sie herzlich wenige …

Es herrscht heute ein Durst nach Information, Weisheit und Erkenntnis wie nie zuvor. Noch nie gab es so viele Seminare, Kurse und Konferenzen. Bei Großveranstaltungen muß der Redner auf einen Bildschirm projiziert werden, damit man ihn in der letzten Reihen noch sehen kann. Und am Ende der Veranstaltung pilgert alles zum Bücher- und Cassettentisch.

Mehr Werkzeuge, mehr Information, mehr Wissen heißt die Devise. Wenn wir nur genügend Wissen über die verschiedenen Themen, genug Bücher, Seminare und Unterricht bekommen, werden wir das Ding schon drehen. Gib uns die Werkzeuge, Gott, und wir evangelisieren die ganze Welt!

Kürzlich sagte der Leiter einer christlichen Jugendorganisation: »Wenn ich 100 Millionen Dollar hätte, ich könnte die ganze Welt gewinnen.« Er reiste durch das Land, um eben diesen Betrag zusammenzubekommen. Sein Motto war: »Wenn wir genügend Geld, Wissen, Strategien und Vernetzung haben, können wir die ganze Welt für Gott gewinnen.«

Lieber Leser, wir werden nie durch Wissen und Weisheit allein etwas für Gott erreichen, egal, wie wichtig und nötig es ist. Sein Wort sagt, daß Gott die Menschen, die an ihn glauben, durch eine für Menschenohren törichte Predigt selig macht (1. Kor 1,21) und daß »alle Schätze der Weisheit und der Erkenntnis« in Christus verborgen sind (Kol 2,3).

Salomos Evangelium war anders. In 1. Kön 5,12-13 lesen wir: »Und er dichtete dreitausend Sprüche und tausendundfünf Lieder. Er dichtete von den Bäumen, von der Zeder an auf dem Libanon bis zum Ysop, der aus der Wand wächst. Auch dichtete er von den Tieren des Landes, von Vögeln, vom Gewürm und von Fischen.«

Dies war Salomos Evangelium: 3000 Alltagsweisheit-Minipredigten! Er schuf neue Lieder, wunderbare Geschichten, klassische Wahrheiten über das Wesen und Verhalten des Menschen. Viele seiner Weisheitsworte können wir im Buch der Sprüche nachlesen. Bei Salomo konnte man lernen, wie man eine Ehe führt und Kinder aufzieht, wie man sich benimmt, wie man zu leben hat und Gottes Segen bekommt. Alle liebten seine Predigten – sie waren so kurz und so praktisch.

Doch wenn der Geist Gottes unser Predigen oder Lehren nicht salbt, bleibt es tot. Der Buchstabe ist tot, solange der Geist ihn nicht lebendig macht! Salomos Botschaft war letztlich ohne Kraft – weil er es nicht fertigbrachte, das, was er predigte, zu praktizieren. Er gab sich fremden Frauen hin. Er zog böse Kinder auf, darunter einen wahren Teufel, der ihm auf dem Thron nachfolgte. Der alternde Salomo war ein hinfälliger, angstgetriebener Götzendiener, der seine Tage in einem Stinkpfuhl der Unmoral verbrachte. Seine ganze Generation wurde abtrünnig, verkommen, unmoralisch – trotz all seiner Weisheit und seiner 3000 Sprüche!

Daß bitte niemand denkt, daß es in der modernen, »sünderfreundlichen« Laodizea-Kirche keine guten, tiefschürfenden Predigten gibt. Die Predigten der Endzeitkirche sind gutgemacht, korrekt und bieten echte Lebenshilfe. Es ist erstaunlich, wie viele Wahrheiten sie in 15 Minuten an den Mann bringen können. Aber so viele von ihnen bringen kein Leben hervor! Nach wie vor lassen Christen, ja sogar Pastoren sich scheiden, sind Unzucht und Untreue an der Tagesordnung. Teenager rauchen, trinken und schlafen mit jedem. Es verändert sich nichts im Leben der Menschen – und warum nicht? Weil Wissen an sich niemanden ändern oder retten kann (auch nicht den, der es vermittelt).

Die Gottesdienste können bestens vorbereitet sein, der Chor kann die besten und neuesten Lieder singen, der Pastor kann den Finger auf die Sünde legen und den Weg zum Leben weisen – aber ohne den Heiligen Geist ist das alles der Buchstabe, der tötet!

Salomo hatte einen Kopf voller Weisheit und einen Mund voller Lieder. Er war ein Meister der Predigt und Lehre. Seine Kirche war bestens organisiert, alles war wohlanständig und in bester Ordnung. Aber am Ende stand der verzweifelte Satz aus dem Prediger Salomo: »Alles ist eitel ...«

Sie hat alle Antworten, die Salomo-Kirche. Ihre Fassade ist prächtig. Aber sie ist ohne Leben und endet in Eitelkeit, Götzendienst, Sinnlichkeit, Leere und Verzweiflung.

Ganz anders Davids Zions-Kirche

Die treibende Kraft hinter Davids Kirche war die völlige Abhängigkeit vom Heiligen Geist: »Da nahm Samuel sein Ölhorn und salbte ihn mitten unter seinen Brüdern. Und der Geist des HERRN geriet über David von dem Tag an und weiterhin« (1. Sam 16,13).

Als David auf seinem Sterbebett lag, sagte er Salomo: »Ich will dir sagen, warum Gott mich gesegnet hat. Ich will dir mein Geheimnis verraten, warum mein Reich im Frieden lebt und Gott mit mir gewesen ist, wo ich auch hinging.« Hören wir auf Davids letzte Worte an seinen Sohn: »Der Geist des HERRN hat durch mich geredet, und sein Wort war auf meiner Zunge« (2. Sam 23,2 Elbf.).

Was David hier sagte, war: »Ich habe nicht auf meine eigene Weisheit und Erkenntnis vertraut, ich habe nicht auf mein Fleisch vertraut. Ich war ein schwacher Mensch – aber ich war vom Heiligen Geist abhängig! Jedes Wort, das ich sprach, stand unter seiner Salbung, seine Worte füllten meinen Mund!«

Als wir vor 35 Jahren unsere Türen in der Clinton Avenue 416 in New York City für Drogensüchtige und Alkoholiker öffneten, war unser Motto: »Hier wohnt der Heilige Geist.« Bandenmitglieder wie Nicky Cruz und Israel wurden nicht durch knackige Lebenshilfepredigten gerettet, nicht durch gutgewählte Beispiele und Geschichten überzeugt. Nein, diese ehemaligen Drogensüchtigen bezeugten ihren Freunden: »Früher war ich auf der Straße, wie du. Der Heilige Geist hat einen neuen Menschen aus mir gemacht!«

Es war die Macht und das Erlebnis des Heiligen Geistes, das Nicky und Israel vor Gott auf die Knie warf. Der Geist kam herab – und diese abgebrühten Verbrecher fielen auf ihr Angesicht und schrien zu Gott um Gnade!

Salomo sprach über Pflanzen und Tiere. David sprach von der Gemeinschaft mit Gott, von Reue und Zerbruch. Er sprach von dem »Felsen«, der Christus ist. Und David wurde durch seine eigenen Predigten verändert. Ihm war die Gegenwart des Heiligen Geistes in seinem Leben so wichtig, daß er Gott anflehte, seinen Geist nicht von ihm zu nehmen. David wußte, daß er nichts war ohne den Heiligen Geist.

In der salomonischen Kirche begnügt sich der Prediger damit, biblische Wahrheiten zu sammeln und eine Predigt daraus zu machen. Er spult die Predigt vor seiner Gemeinde ab und sagt sich: »So, das ist Gottes Wort! Jetzt muß etwas geschehen, jetzt muß etwas anders werden in den Hörern, es ist doch Gottes mächtiges Wort!« Nein! Wir können mit dem Wort um uns werfen, wir können predigen und lehren und Weisheiten von uns geben soviel wir wollen – wenn das Wort nicht vom Heiligen Geist gesalbt ist, ist es tot. Der Prediger, der nicht vor Gott auf den Knien liegt, hat nicht Gottes Feuer in seiner Seele, und seine Worte mögen klug und weise klingen, aber Leben wecken werden sie nicht.

Paulus bekennt: »... und mein Wort und meine Predigt geschahen nicht mit überredenden Worten menschlicher Weisheit, sondern in Erweisung des Geistes und der Kraft, damit euer Glaube nicht stehe auf Menschenweisheit, sondern auf Gottes Kraft« (1. Kor 2,4-5). Und: »Und davon reden wir auch nicht mit Worten, wie sie menschliche Weisheit lehren kann, sondern mit Worten, die der Geist lehrt ... Der natürliche Mensch aber vernimmt nichts vom Geist Gottes; es ist ihm eine Torheit, und er kann es nicht erkennen; denn es muß geistlich beurteilt werden« (V. 13-14).

Wir sollten nie zur Kirche gehen, ohne zu beten: »Gott, gib mir Ohren des Heiligen Geistes zum Hören. Hilf mir, dein Wort zu verstehen und auf mein Leben anzuwenden!« Wir brauchen Ohren des Heiligen Geistes, genauso wie der Pastor eine Zunge des Heiligen Geistes braucht.

Der kleine Unterschied

Das Markenzeichen einer Kirche des Heiligen Geistes ist ein unter die Haut gehender Aufruf zur Buße. Ich kann nicht ein Mensch des Heiligen Geistes sein, wenn ich nicht aus meinem Innersten zu Gott um Gnade schreie. Das hat Salomo nie getan.

Wir lesen nirgends davon, daß Salomo wirklich zu Gott schrie. Bei der Einweihung des Tempels stand er in seinen königlichen Gewändern da und betete ein schönes, majestätisches, klangvolles Gebet. Er betete ehrlich, präzise und gesittet – aber es kam nicht wirklich von Herzen, und es drang nicht in sein eigenes Herz ein.

In diesem Gebet ermahnte Salomo die Gemeinde: »Und euer Herz sei ungeteilt bei dem HERRN, unserm Gott, daß ihr wandelt in seinen Satzungen und haltet seine Gebote, wie es heute geschieht« (1. Kön 8,61). Salomo kannte die »Satzungen«, von denen er sprach, darunter die folgenden Warnungen an jeden König Israels im 5. Buch Mose:

- »Nur daß er nicht viele Rosse halte und führe das Volk nicht wieder nach Ägypten, um die Zahl seiner Rosse zu mehren ...«
- »Er soll auch nicht viele Frauen nehmen, daß sein Herz nicht abgewandt werde ...«
- »... und soll auch nicht viel Silber und Gold sammeln« (5. Mose 17,16-17).

Diese Anweisungen waren unmißverständlich. Doch kaum war Salomo König geworden, da verstieß er gegen sie:

- »Salomo kaufte seine Pferde in Ägypten und Zilizien ...« (1. Kön 10,28 Hfa).
- »Neben der Tochter des Pharaos heiratete König Salomo noch viele andere ausländische Frauen, darunter Moabiterinnen, Ammoniterinnen und Edomiterinnen, Frauen aus Sidon und aus dem Volk der Hetiter... Salomo aber hing mit großer Liebe an seinen Frauen« (1. Kön 11,1-2 Hfa).
- »Und der König brachte es dahin, daß es in Jerusalem so viel Silber gab wie Steine ...« (1. Kön 10,27). »So wurde der König Salomo größer an Reichtum und Weisheit als alle Könige auf Erden« (2. Chr 9,22).

Salomos Gebet darum, nach Gottes Willen zu leben, hatte keine Auswirkungen auf sein eigenes Leben – weil er sich in seinem Herzen nicht als Sünder sah: »Und Salomo tat, was dem HERRN mißfiel, und folgte nicht völlig dem HERRN wie sein Vater David« (1. Kön 11,6). Wo nicht in der Vollmacht des Heiligen Geistes gepredigt wird, erkennt man seine Sünde nicht und folgt Gott nicht wirklich nach.

Der gleiche Salomo, der gegen die Sünde predigte, sündigte ohne Gewissensbisse. Er las in der Schrift, daß er nicht nach Ägypten gehen und dort Pferde kaufen sollte – und gleich darauf begann er mit den Kaufverhandlungen für tausend neue Pferde und Streitwagen. Er hörte, wie ein Prophet gegen die Vielweiberei der Könige predigte – und besuchte als nächstes einen

Harem. Salomo zeigte keinerlei Anzeichen für Reue und Buße. Er brachte es fertig, sich offen all dieser Unmoral hinzugeben – und dann seinen nächsten Spruch zu verfassen.

Man vergleiche dies einmal mit Davids totalem Zerbruch, als er gegen Gott gesündigt hatte. Davids Kirche war nicht perfekt; es war eine Kirche wie in Korinth. David war ein Ehebrecher und Mörder; zeitweilig lebte er in furchtbarer Verblendung. Doch nachdem er gesündigt hatte, stieg dieser herzzerreißende Schrei aus ihm hoch: »Wasche mich rein von meiner Missetat, und reinige mich von meiner Sünde; denn ich erkenne meine Missetat, und meine Sünde ist immer vor mir. An dir allein habe ich gesündigt und übel vor dir getan … Verwirf mich nicht von deinem Angesicht, und nimm deinen heiligen Geist nicht von mir« (Ps 51,4-6.13).

Später sündigte David erneut, indem er eine Volkszählung durchführte. Er hatte alle Riesen und den Rest von Gat besiegt, er hatte die Assyrer vertrieben und das Land hatte Frieden. Es war ein Augenblick großen Segens und Friedens. Und doch ließ David sich vom Teufel blenden, daß kein noch so vernünftiges Argument ihn umstimmen konnte. Joab, der seine Verblendung sah, warnte ihn, aber David setzte seinen Kopf durch: »Ich will wissen, wie viele Soldaten ich habe!« (2. Sam 24).

Was für ein ernüchternder Gedanke – daß ein rechtschaffener Diener Gottes von der Sünde verführt werden kann! Fast zehn Monate lang lebte David in seinem Wahn. Diesmal kam kein Prophet zu ihm, um ihm seine Sünde zu zeigen; der Heilige Geist selber überführte sein Gewissen. David war jetzt ein ergrauter alter Mann, der ein feines Gespür für die Stimme des Geistes hatte. Die Bibel berichtet uns: »Aber das Herz schlug David …« (2. Sam 24,10). Nach dem hebräischen Urtext könnte man auch sagen: »O Gott, das, was ich gegen dich getan habe, zerreißt mein Herz!«

Dies ist das Kennzeichen einer Davids-Kirche des Heiligen Geistes: ein Bußschrei zu Gott! Es gibt viele Christen, die versagen und verblendet sind, aber wie David sind sie so sensibel geworden für die Stimme des Heiligen Geistes, daß sie nicht immer einen Propheten brauchen, um ihre Sünde zu erkennen; sie tun schon vorher Buße, weil ihre Sünde ihr Herz verwundet.

Die salomonische Kirche läßt der Sünde und Verblendung freien Lauf, bis zum Untergang. In Davids Kirche schreit ein tief verwundetes Herz, dem seine Sünde leid tut, zu Gott um Vergebung und Rettung.

David sagte über seine Sünde: »Des Totenreichs Bande umfingen mich, und des Todes Stricke überwältigten mich. Als mir angst war, rief ich den HERRN an und schrie zu meinem Gott. Da erhörte er meine Stimme von seinem Tempel, und mein Schreien kam vor ihn zu seinen Ohren ... Er streckte seine Hand aus von der Höhe und faßte mich und zog mich aus großen Wassern. Er errettete mich von meinen starken Feinden, von meinen Hassern, die mir zu mächtig waren« (2. Sam 22,6-7. 17-18).

Das tragische Ende des Salomo-Evangeliums

Nach all seinen Sprüchen und Liedern beschloß Salomo sein Leben mit diesen tragischen Worten: »Denn all seine Tage sind Leiden, und Verdruß ist sein Geschäft; selbst nachts findet sein Herz keine Ruhe ... Es gibt nichts Besseres für den Menschen, als daß er ißt und trinkt und seine Seele Gutes sehen läßt bei seinem Mühen« (Pred 2,23-24 Elbf.).

Salomo gibt diesen philosophischen Rat: »Du wirst schlaflose Nächte bekommen und nicht fertig werden mit deiner Verzweiflung. Dein Gefühl, daß alles sinnlos ist, wird nicht weggehen. Das beste, was du tun kannst, ist, das Leben zu packen und alles herauszuholen, was geht. Mach dir einen schönen Tag!«

Mit diesem Motto starb Salomo, und dies ist das Evangelium unseres heutigen »salomonischen« Zeitalters! Es endet im Prediger Salomo, im leeren Loch der Verzweiflung. Viele Menschen grübeln: »Was ist der Sinn des Lebens? Wo gehe ich hin? Wer bin ich eigentlich?«

Doch Davids Evangelium sagt: »Mit meiner Stimme rufe ich zum HERRN, und er antwortet mir von seinem heiligen Berg« (Ps 3,5 Elbf.). Wenn Sie den Heiligen Geist haben, dann kennen Sie Gottes Stimme und Gott kennt Ihre und Sie können ruhig schlafen.

In Apg 15,16 wird die folgende Prophezeiung zitiert: »Danach will ich mich wieder zu ihnen wenden und will die zerfallene Hütte Davids wieder bauen, und ihre Trümmer will ich wieder aufbauen und will sie aufrichten« (vgl. Am 9,11). Gott wird die Kirche Salomos zerstören, und aus diesen Ruinen wird er die Davids wieder aufbauen. Diese Kirche des Restes wird um ihre Sünden weinen und in Buße zu Gott rufen. Und sie wird ganz und gar vom Heiligen Geist abhängig sein.

Zwei Jahre vor dem Untergang der PTL-Kirche des amerikanischen Predigers Jim Bakker wies der Geist Gottes mich an, Jim Bakker einen langen Brief zu schreiben. Ich schrieb: »In zwei Jahren, bis zum 15. März, wird PTL tot sein.« Ich beschrieb ein Bild der Leere – leere Gebäude, in denen Unkraut wuchs und Fledermäuse hausten.

Jim las den Brief und rief mich an: »Was muß ich tun?« Ich sagte ihm, daß er sich als erstes von den Homosexuellen in seinem Werk trennen mußte. Nicht lange nach dem Gespräch spottete Jim im Fernsehen über jedes Wort, das ich gesagt hatte. Zwei Jahre danach, auf den Tag genau, erfüllte sich, was Gott mir über PTL gesagt hatte.

Wenn man danach geht, was heute auf vielen christlichen Fernsehkanälen in Amerika gepredigt wird, bekommt man den Eindruck, daß Jesus in Hollywood und am Steuer eines Rolls Royce zurück auf die Erde kommen wird. Dieses Bild des Christentums ist das Abstoßendste, was ich je gesehen habe. Und Gott sagt, daß er es zerstören muß, weil er auf seinen Ruinen das Haus Davids wiedererrichten wird!

Ich spüre es in meinem Geist: Keine fünf Jahre mehr, und all die christlichen Fernsehsender werden bankrott und am Ende sein, bis auf ein paar lokale Programme, in denen wahre Männer Gottes das Evangelium predigen. Das ständige Plastiklächeln, der gottlose Zirkus der Spendenaufrufe, die verwässerte Pop-Theologie mit ihrem Wohlstandsevangelium – es wird alles nicht mehr sein.

Die meisten sogenannten Erweckungen unserer Tage sind Kartenhäuser, die in dem Chaos, das auf uns zukommt, verbrennen werden. Welcher Christ wird lachen, wenn unsere Städte brennen? Wer wird noch herumalbern, wenn die Wirtschaft zusammenbricht?

Die Bibel sagt uns über die Juden der Endzeit: »Aber über das Haus David und über die Bürger Jerusalems will ich ausgießen den Geist der Gnade und des Gebets. Und sie werden mich ansehen, den sie durchbohrt haben, und sie werden um ihn klagen, wie man klagt um ein einziges Kind, und werden sich um ihn betrüben, wie man sich betrübt um den Erstgeborenen« (Sach 12,10).

Jedes Jahr stehen Juden an der Klagemauer in Jerusalem und weinen nach ihrem Messias. Vor einiger Zeit marschierten in New York an die 10000 Lubavitcher Juden durch Brooklyn und riefen: »Dies ist das Jahr unseres Messias!« Ihre Hände waren hoch erhoben, Tränen rollten über ihre Wangen und sie schrien nach ihrem Messias.

Wenn ich an die 25 Millionen Ungeborenen denke, die in den USA abgetrieben wurden, und an all die Verlorenen, die zur Hölle gehen, kann ich nicht verstehen, warum so viele Christen lachen. Warum weinen Millionen Juden, warum weinen Millionen verlorener Sünder sich in den Schlaf, und die Charismatiker lachen? Wenn die wirkliche Erweckung kommt, wird die Freude eine Freude der Buße und der letzten Ernte verlorener Seelen sein!

Gott will »die zerfallene Hütte Davids wieder bauen« (Apg 15,16). In den letzten Tagen wird Gott aus Ruinen seine Kirche wieder erbauen. Dies bedeutet, daß er alles Böse und Abscheuliche in seiner Kirche abreißen und vernichten muß – und aus diesen Trümmern wird er eine heilige Gemeinde aufstehen lassen, die aus tiefstem Herzen um Gnade schreit.

Ich danke Gott für die Davidskirche, die er in unseren Tagen aus Trümmerhaufen heraus erbaut. Viele, die diese Worte lesen, kommen aus einem Leben der Trümmer. Lieber Leser, wenn das auch bei Ihnen so ist, dann fassen Sie Mut – Gott benutzt Sie, um seine Davidsgemeinde zu bauen!

Wenn ein Berg der Sünde in Ihrem Leben steht, dann wenden Sie sich nicht an ein Buch oder eine Cassette, die Ihnen Weisheit und Erkenntnis versprechen, sondern gehen Sie auf die Knie, kommen Sie zu Gott! Seien Sie wie David, schreien Sie aus ganzem Herzen zu Gott. Er erbaut seine Kirche auf unseren Tränen!

Kapitel 8

Gott über-erhört Gebet

Unser Herr antwortet uns gerne

Einer der häufigsten Sätze, die man unter Christen hört, lautet: »Gott erhört Gebet.« Aber das ist nur die halbe Wahrheit. Die ganze Wahrheit ist: »Gott *über*-erhört Gebet!«

Ich möchte in diesem Kapitel wie ein guter Rechtsanwalt Argumente sammeln. Ich möchte Ihnen beweisen, daß in jeder Generation, von biblischen Zeiten bis heute, Gott die Gebete seiner Kinder mehr als erhört. Er gibt uns immer wieder viel mehr, als wir erbeten haben – oft Dinge, um die wir ihn nie bitten würden.

Und jetzt schlagen Sie zusammen mit mir die Bibel auf.

1. Gott über-erhörte Israel in Hosea 14

Der Prophet Hosea gibt uns ein deutliches Beispiel dafür, wie Gott Gebete nicht nur erhört, sondern über-erhört. Hosea prophezeite Israel: »Ihr seid von Gott abgefallen, aber immer noch sein Volk. Kehrt zurück zu ihm und betet zu ihm.« Hos 14,3: »Nehmt diese Worte mit euch und bekehrt euch zum HERRN und sprecht zu ihm: Vergib uns alle Sünde und tu uns wohl ...«

Es war ein einfaches Gebet. Die Israeliten baten Gott darum, ihnen ihre Sünde zu vergeben und sie gnädig wieder anzunehmen: »Herr, erbarme dich. Reinige uns, nimm uns in deiner Gnade wieder an.«

Aber Gott vergab ihnen nicht nur ihre Sünden, er reinigte sie nicht nur und nahm sie wieder an – er gab ihnen außerdem noch eine Fülle des Segens dazu: »Ich will ihre Abtrünnigkeit heilen, will sie aus freiem Antrieb lieben ... Ich werde für Israel sein wie der Tau. Blühen soll es wie die Lilie, und seine Wurzeln schlagen wie der Libanon. Seine Triebe sollen sich ausbreiten, und seine Pracht soll sein wie der Ölbaum und sein Geruch wie der des Libanon. Es kehren zurück, die in seinem Schatten wohnen, sie werden wieder Getreide anbauen und blühen wie ein Weinstock, dessen Ruf wie der Wein vom Libanon ist« (V. 5-8 Elbf.).

Der »Tau« – das ist die Gegenwart Gottes. Israel steckte in einer Dürre; alles war am Vertrocknen, weil Gott seine Gnade abgezogen hatte. Doch jetzt sagt Gott, daß er auf echte Buße und ein Herzensgebet hin überall neues Leben sprießen lassen wird. Er wird Israel nicht nur vergeben, er wird es zu neuem Leben erwecken. Es wird wachsen, gedeihen, Wurzel fassen wie ein guter Baum. Israel hatte Gott gebeten, es in Gnade und Vergebung wieder anzunehmen – und Gott öffnet die Fenster des Himmels und gießt Segnungen über sein Volk, die es nicht zu erhoffen gewagt hatte. Gott hat Israels Gebet mehr als erhört!

Lieber Leser, Gott hat dies auch für Sie getan. Als Sie in Buße vor ihn traten, baten Sie ihn um ein reines Herz, Vergebung und inneren Frieden – aber wieviel mehr hat er Ihnen gegeben:

- Er hat Ihnen einen ständig wachsenden Hunger und Durst nach Jesus gegeben. Er gab Ihnen Augen zum Sehen und Ohren zum Hören. Er gab Ihnen eine Liebe für seine Gemeinde.

- Er hat Ihnen einen Haß auf die Sünde geschenkt. Er hat Sie vor der Wut des Teufels beschützt. Er hat Ihre Seele mit Hoffnung, Freude und Jubel erfüllt.
- Jesus ist Ihr »Tau« geworden, der täglich Ihre Seele mit seinem Wort wässert. Sie wachsen. Sie sind nicht tot oder am Sterben, sondern lebendig in Christus!

Um Gottes Erlösung und Reinigung hatten Sie gebeten, aber Gott hat einen Segen nach dem anderen auf Sie geschüttet. Er hat Sie mehr als erhört.

2. Gott über-erhörte Salomos Gebet

»So wollest du deinem Knecht ein gehorsames Herz geben, damit er dein Volk richten könne und verstehe, was gut und böse ist. Denn wer vermag dies dein mächtiges Volk zu richten?« (1. Kön 3,9).

Salomo betete: »Herr, alles, was ich will, ist die rechte Weisheit, wie ich mit deinem Volk umgehen soll. Ich will nur ein gerechter König über es sein.« Eine einfache, direkte Bitte. Gottes gewaltige Antwort: »Und Gott sprach zu ihm: Weil du darum bittest …, siehe, so tue ich nach deinen Worten. Siehe, ich gebe dir ein weises und verständiges Herz, so daß deinesgleichen vor dir nicht gewesen ist und nach dir nicht aufkommen wird« (V. 11-12).

Wir sehen hier, wie gerne Gott selbstlose Gebete mehr als erhört. Salomo bat ihn um genügend Weisheit für sein neues königliches Amt; Gott gab ihm nicht nur, um was er gebeten hatte, er versprach ihm, ihn weiser zu machen als sonst jemanden in der Menschheitsgeschichte!

Und das war noch nicht alles! »Und dazu gebe ich dir, worum du nicht gebeten hast, nämlich Reichtum und Ehre, so daß deinesgleichen keiner unter den Königen ist zu deinen Zeiten« (V. 13). Was für eine Antwort! Segnungen, Ehre und Reichtum, wie kein Mensch sie je bekommen hatte. Und langes Leben noch dazu (V. 14).

3. Gott über-erhörte Israel gegen die Ammoniter

»Dazu zogen die Ammoniter über den Jordan …, so daß Israel sehr geängstigt wurde« (Ri 10,9).

Gott hatte Ammon benutzt, um Israel für seine Sünden zu bestrafen. Jetzt war die ammonitische Armee im Anmarsch – und Gottes Volk begann, seine Sünden zu bekennen: »Aber die Israeliten sprachen zum HERRN: Wir haben gesündigt, mache du es mit uns, wie dir's gefällt; nur errette uns heute!« (V. 15).

Ihre Sünde ging ihnen so nah, daß sie sich nicht vorstellen konnten, Gott um mehr zu bitten als um ihre nackte Errettung. Sie sprachen das allereinfachste aller Gebete: »Gott, hilf uns – nur dieses eine Mal! Laß uns nicht vom Feind besiegt werden.« Sie beteten um einen einzigen Sieg. Aber Gott hatte mehr vor mit ihnen und erhörte ihr Gebet über alle Maßen. Er gab Israel nicht nur Schutz, sondern die Überhand, einen totalen Sieg gegen die Ammoniter: »So zog Jeftah auf die Ammoniter los, um gegen sie zu kämpfen. Und der HERR gab sie in seine Hände. Und er schlug sie mit gewaltigen Schlägen von Aroër an bis hin nach Minnit, zwanzig Städte ... So wurden die Ammoniter gedemütigt vor den Israeliten« (Ri 11,32-33).

Gott hat die Israeliten nicht nur errettet, er gab ihnen auch den Mut und die richtige Strategie, um die Ammoniter restlos zu schlagen, daß sie ihnen nie mehr gefährlich wurden. Es war ein totaler Sieg!

Genauso will Gott auch heute die Gebete seiner Leute mehr als beantworten. Die meisten Christen beten: »Herr, gib mir Sieg in dieser einen Schlacht.« Und Gott antwortet: »Ich gebe dir den Sieg – aber ich habe noch viel mehr für dich. Ich will deinen Feind so demütigen, daß du nicht jedesmal von neuem siegen mußt. Ich will dir völligen Sieg geben!«

Lieber Leser, Gott will uns nicht bloß Kraft zum Überwinden geben, sondern Sieg über jeden Feind. Er will, daß wir die Sünde nicht besiegen, sondern mehr als besiegen – daß wir nicht nur Leben haben, sondern Leben im Überfluß. Er will, daß wir nicht nur einen Tag, eine Woche oder einen Monat frei von Angst sind, sondern alle Tage unseres Lebens.

4. Gott über-erhörte Davids Gebet um Leben

»Er bittet dich um Leben ...« (Ps 21,5). Davids Bitte war einfach: Er bat Gott, ihn vom Tod zu erretten. Und Gott erhörte sein Gebet so: »... du gibst es ihm, langes Leben für immer und ewig« (V. 5).

Doch Gott tat noch viel mehr. Er gab David nicht nur Leben, er krönte ihn zum König Israels, er goß Ehre und Majestät über ihn aus: »... du setzest eine goldene Krone auf sein Haupt ... Pracht und Hoheit legst du auf ihn« (V. 4.6). Und als ob das noch nicht genug war, gab er ihm noch Freude dazu: »Denn du setzest ihn zum Segen ewiglich, du erfreust ihn mit Freude vor deinem Antlitz« (V. 7).

Kein Wunder, daß David in Ps 130,7 bekennt, daß bei Gott »viel Erlösung« ist. Er sagt: »Herr, du hast mich nicht einfach erlöst, du hast deine Erlösung förmlich über mich ausgeschüttet!«

Die Erzväter und Propheten des Alten Testaments kannten sie, diese Großzügigkeit Gottes. Sie wußten, wie gern er uns die ganze Fülle seines Segens schenkt. Jesaja sagt: »Der Gottlose lasse von seinem Wege und der Übeltäter von seinen Gedanken und bekehre sich zum HERRN, so wird er sich seiner erbarmen, und zu unserm Gott, denn bei ihm ist viel Vergebung« (Jes 55,7). Gott beantwortet unseren Schrei um Vergebung mit einem wahren Überfluß an Gnade und Vergebung!

Gottes Großzügigkeit sollte uns nicht überraschen, wenn selbst Menschen großzügig sein können

Auch Menschen geben manchmal überreichlich – wieviel mehr dann Gott!

- Eine fromme Frau in Schunem stellt dem Propheten Elisa ein Gästezimmer zur Verfügung. Elisa ist so dankbar, daß er sie durch seinen Diener Gehasi fragen läßt, was er für sie tun kann. Sie hat keine Wünsche. Aber diese Auskunft befriedigt Elisa nicht. »Sie hat so viel für mich getan!« sagt er. Und da erinnert sich Gehasi: Die Frau hätte ja so gerne ein Kind. Aha! Der Prophet läßt sie rufen. »Und als er sie rief, trat sie in die Tür. Und er sprach: Um diese Zeit übers Jahr sollst du einen Sohn herzen« (2. Kön 4,15-16).

Elisa betete zu Gott. Der erhörte ihn – und die Frau gebar einen Sohn! Obwohl sie nie darum gebeten hatte, wurde ihr größter Herzenswunsch erfüllt.

- Vielleicht erinnern Sie sich an Naaman, der vom Aussatz geheilt wurde. Elisa sagte ihm: »Ich will nichts von dir, dies ist ein Geschenk von Gott.« Doch sein Diener Gehasi jagt

Naaman geldgierig hinterher und eröffnet ihm, daß sein Herr es sich anders überlegt habe: Er hätte gerne einen Zentner Silber und zwei Festkleider (siehe 2. Kön 5,22).

Ein Zentner Silber war damals ein Riesenvermögen – wahrscheinlich genug, um einen ganzen Bauernhof zu kaufen. Aber Naaman gibt Gehasi ohne Umstände gleich zwei Zentner Silber. Gott hatte ihn so angerührt und er war so glücklich, daß er mehr gab, als Gehasi von ihm erbat. Etwas in seinem Herzen wollte Elisa segnen.

Wenn schon Menschen wie Elisa und Naaman so großzügig waren, wie können wir dann glauben, daß Gott weniger großzügig und liebevoll ist? Aber oft tun wir gerade so, als sei er ein Geizhals, als müßten wir ihm seinen Segen abringen und rennen und laufen, bevor er uns erhört. Nein – unser Vater gibt gerne! Er liebt es, unsere Bitten überfließend zu erhören! »Wenn nun ihr, die ihr doch böse seid, dennoch euren Kindern gute Gaben geben könnt, wieviel mehr wird euer Vater im Himmel Gutes geben denen, die ihn bitten!« (Mt 7,11).

Ein noch herrlicheres Bild

Schauen wir uns diese Beispiele an:

1. Wie war es bei dem Gelähmten, den sie auf einem Bett zu Jesus brachten?

»Und siehe, da brachten sie zu ihm einen Gelähmten, der lag auf einem Bett« (Mt 9,2). Der Gelähmte wollte von Jesus geheilt werden – und Jesus über-erhörte sein Gebet: »Sei getrost, mein Sohn, deine Sünden sind dir vergeben ... sprach er zu dem Gelähmten: Steh auf, hebe dein Bett auf und geh heim!« (V. 2.6).

Der Kranke wollte geheilt werden, aber Jesus gab ihm viel mehr – das größte Geschenk, das er ihm geben konnte! Dieser Mann bekam seine Heilung, aber – noch viel besser – auch die Vergebung der Sünden, ewiges Leben und ein getrostes Herz.

Jesus hatte von Anfang an gewußt, was er tun würde; er wußte, daß dieser Mann wieder laufen würde. Aber er sagte: »Erst will ich dich segnen und dein Gebet mehr erhören, als du dir vorstellen kannst. Jawohl, ich heile deinen Leib – aber auch deine Seele und Geist. Und jetzt nimm dein Bett und geh heim.«

2. Wie war es bei dem Schächer am Kreuz?

Der eine der beiden Verbrecher, die mit Jesus gekreuzigt wurden, bat ihn um dieses eine: »Jesus, gedenke an mich, wenn du in dein Reich kommst!« (Lk 23,42). »Denke an mich« – mehr nicht.

Jesus hat diese Bitte gewaltig über-erhört: »Und Jesus sprach zu ihm: Wahrlich, ich sage dir: Heute wirst du mit mir im Paradies sein« (V. 43). Mit anderen Worten: »Ja, ich denke an dich – ich nehme dich mit!«

Der Schächer konnte sich im Traum nicht vorstellen, daß er erlöst werden konnte – und Jesus verspricht ihm, daß er in ein paar Stunden neben ihm im Paradies aufwachen wird!

3. Oder denken wir an den gelähmten Bettler an der Pforte des Tempels in Apg 3: »Als er nun Petrus und Johannes sah, wie sie in den Tempel hineingehen wollten, bat er um ein Almosen« (Apg 3,3).

Er bat um ein bißchen Geld – und was für ein herrliches Geschenk bekam er! Wir lesen, daß die Apostel ihn ansahen (V. 4). Der Bettler wird gedacht haben: »Die geben mir was – vielleicht mehr als die üblichen paar Groschen, vielleicht hab ich heute einen guten Tag.« Und er bekam – einen neuen Körper.

»Petrus aber sprach: Silber und Gold habe ich nicht; was ich aber habe, das gebe ich dir: Im Namen Jesu Christi von Nazareth steh auf und geh umher! … Sogleich wurden seine Füße und Knöchel fest, er sprang auf, konnte gehen und stehen und ging mit ihnen in den Tempel, lief und sprang umher und lobte Gott« (V. 6-8).

Dieser Bettler war nicht nur körperlich geheilt, er empfing auch den Heiligen Geist! Der Geist des Lobpreises kam auf ihn, daß er tanzte und anbetete. Wenn das kein über-erhörtes Gebet war!

4. Dann der Hauptmann Kornelius in Apg 10, der Gott um eine Offenbarung seines Wortes gebeten hatte.

Der Herr hatte Kornelius in einer Vision angewiesen, Petrus holen zu lassen. Der Hauptmann schickte drei Diener zu ihm, um zu »hören, was du zu sagen hast« (Apg 10,22). Dies war seine ganze Bitte: Aus Petrus' Mund das Wort Gottes zu hören. Was er tatsächlich bekam, war noch viel mehr: »Während Petrus noch diese Worte redete, fiel der heilige Geist auf alle, die dem Wort zuhörten. Und die gläubig gewordenen Juden … entsetzten sich, weil auch auf die Heiden die Gabe des heiligen Geistes ausgegossen wurde; denn sie hörten, daß sie in Zungen redeten und Gott hoch priesen« (V. 44-46).

Es war gerade so, als ob Gott das Ende der Predigt des Petrus nicht mehr abwarten konnte. Die Menschen, die ihm zuhörten, bekamen nicht nur das Wort, sondern den Heiligen Geist dazu – und nicht nur den, sondern gleich noch die Gabe des Zungenredens. Und dann die Taufe: Petrus »befahl, sie zu taufen in dem Namen Jesu Christi« (V. 48).

Kornelius wollte das Evangelium hören – und Gott schüttete den Himmel über ihm aus.

Das Neue Testament ist voller Verheißungen, daß Gott die Gebete seiner Kinder gerne mehr als erhört!

Die bekannteste Verheißung steht in Eph 3,20. Wir alle kennen sie, aber nur wenige von uns leben so, als ob sie sie glauben: »Dem aber, der überschwenglich tun kann über alles hinaus, was wir bitten oder verstehen, nach der Kraft, die in uns wirkt ...«

Gott ist nicht nur fähig, unsere Gebete zu erhören, er will uns »überschwenglich« (Elbf.: »über die Maßen«) mehr geben, als wir uns je vorstellen können. Er möchte uns nicht nach unseren mickrigen Bitten erhören, sondern nach dem ganzen Reichtum seiner Macht. Er will uns beschenken, beschenken, beschenken.

Die Bibel versichert uns dies nicht nur im Epheserbrief:

- »Gebt, so wird euch gegeben. Ein volles, gedrücktes, gerütteltes und überfließendes Maß ...« (Lk 6,38).
- »Sondern es ist gekommen, wie geschrieben steht: ›Was kein Auge gesehen hat und kein Ohr gehört hat und in keines Menschen Herz gekommen ist, was Gott bereitet hat denen, die ihn lieben.‹ Uns aber hat es Gott offenbart durch seinen Geist ...« (1. Kor 2,9-10).
- »Durch sie sind uns die teuren und allergrößten Verheißungen geschenkt, damit ihr dadurch Anteil bekommt an der göttlichen Natur, die ihr entronnen seid der verderblichen Begierde in der Welt« (2. Petr 1,4).
- »... Gott, der uns alles reichlich darbietet, es zu genießen« (1. Tim 6,17).

Gott bittet uns förmlich, ihn um große Dinge zu bitten!

Wir nennen unseren Herrn gerne »König«. Aber sind unsere Gebetsbitten der Größe unseres Königs würdig? Ein König ist verpflichtet, für seine Untertanen zu sorgen, und seine Untertanen ehren ihn, wenn sie ihn großzügig bitten, in dem Glauben, daß er alles hat, was sie brauchen, und es ihnen reichlich geben wird. Brüder und Schwestern, wir können Gott nicht »König« nennen und anschließend behaupten, daß er einen seiner Untertanen darben läßt!

Ein bekannter Philosoph trat einmal vor Alexander den Großen, um ihn zu bitten, sich für die Dienste, die er ihm getan hatte, erkenntlich zu erweisen. Hundert Talente Silber wollte er gern für seine Töchter haben.

Den Umstehenden stand der Mund offen. Hundert Talente! Aber Alexander lächelte und sagte: »Gebt es ihm! Es ist eine Bitte, die König Alexanders würdig ist. Sie ist meines Reichtums und meines Großmuts würdig.«

Darf ich Sie fragen: Haben Sie vielleicht Gott mit Ihren mickrigen Bitten in Verlegenheit gebracht? »... prüft mich hiermit, spricht der HERR Zebaoth, ob ich euch dann nicht des Himmels Fenster auftun werde und Segen herabschütten die Fülle« (Mal 3,10).

Wir können Gott betrüben, ja erzürnen, wenn wir ihn nicht bitten!

Wir halten es vielleicht für geistlich, zu sagen: »Ich bete Gott an, aber bitten tue ich ihn um nichts; was er für mich will, wird schon recht sein.« Das klingt schön christlich – aber Gottes Wort sagt etwas anderes.

Wieder und wieder ruft Jesus uns auf: »Bittet! Bittet in meinem Namen! Bittet, so wird euch gegeben. Bittet um alles. Ihr habt nicht, weil ihr nicht bittet. Gott gibt Gutes denen, die ihn bitten. Er weiß, was ihr braucht, noch ehe ihr ihn bittet. Bittet den Vater in meinem Namen, und er wird es euch geben.« Aber wir haben nicht den Glauben, zu bitten!

»Und es soll geschehen: ehe sie rufen, will ich antworten; wenn sie noch reden, will ich hören« (Jes 65,24). Gott sagt: »Ihr habt nicht den Glauben und den Mut, um das zu bitten, was ich euch eigentlich geben will. Gut, ich werde euch erhören, noch bevor ihr bittet, weil euer Denken so kleinkariert ist. Eure Bitten kommen ja nicht entfernt an das heran, was ich für euch tun will!«

»Und der HERR redete abermals zu Ahas und sprach: Fordere dir ein Zeichen vom HERRN, deinem Gott, es sei drunten in der Tiefe oder droben in der Höhe! Aber Ahas sprach: Ich will's nicht fordern, damit ich den HERRN nicht versuche« (Jes 7,10-12).

Ahas' Antwort klang sehr fromm: »Ich will Gott nicht versuchen.« Aber sie ärgerte Gott, denn sie war eigentlich heuchlerisch. Gott wußte doch genau, daß Ahas seinen Glauben längst verloren hatte! Ahas wollte seinen Glauben nicht ausprobieren, weil er keinen hatte. Auch heute bitten viele Christen Gott nie um etwas, weil sie keinen Glauben haben.

Ahas steht für die abtrünnige Gemeinde – Christen, die ihr Gottvertrauen verloren haben, die nicht mehr an seine Macht glauben. Sie sagen: »Bitte Gott nicht um Heilung, das wäre vermessen.« Wie fromm – und wie heuchlerisch!

Israel brauchte damals dringend Gottes Hilfe, und so bot Gott König Ahas an, ihn um ein Zeichen seiner Treue zu bitten. Aber Ahas hatte bereits vor, den Assyrerkönig Tiglat-Pileser und Samarien um Hilfe anzugehen. Gott sagte: »Nein! Ich werde für euch kämpfen, und ich will, daß ihr mir vertraut!« »Wohlan, so hört, ihr vom Hause David: Ist's euch zu wenig, daß ihr Menschen müde macht? Müßt ihr auch meinen Gott müde machen?« (Jes 7,13).

Das hebräische Wort für »müde machen« bedeutet eigentlich »empören« oder »anwidern«. Gott sagt hier: »Wie lange wollt ihr es mir noch zumuten, daß ihr Angst habt, euch auf mein Wort zu verlassen? Wann lernt ihr endlich, daß ich alles habe, was ihr braucht, daß ich für euch sorgen werde, weil ich euer König und Herr bin?«

Jesaja sagte Israel: »Ihr habt um kein Zeichen gebeten, aber Gott wird euch trotzdem eines geben.« »Darum wird euch der HERR selbst ein Zeichen geben: Siehe, eine Jungfrau ist schwanger und wird einen Sohn gebären, den wird sie nennen Immanuel« (V. 14).

Lieber Leser, dieses war die größte Über-Erhörung eines Gebetes in der ganzen Geschichte! Das Volk hatte geschrien: »Schicke uns jemand, der uns rettet!« Einen menschlichen Erlöser. Und Gott antwortete: »Ich werde euch einen Menschen schicken, und jawohl, er wird ein Erlöser sein – für die gesamte Menschheit!«

In Jesus Christus – dem verheißenen Immanuel – haben wir Gottes allerherrlichste Gebetsantwort von allen. Er ist die Fülle Gottes. In ihm ist aller Reichtum und Segen. Er ist unser großer Helfer. In ihm ist überschwenglich mehr, als wir je erbitten oder erdenken könnten.

»Samuel aber wuchs heran, und der HERR war mit ihm und ließ keines von allen seinen Worten zur Erde fallen« (1. Sam 3,19)

Dieser Vers meint Samuels Gebete und seine Prophezeiungen. Nichts davon war vergeudet. Kein einziges Gebet blieb unerhört. Jedes der Verheißungsworte Gottes, die Samuel im Gebet sprach, war ein Same, der reiche Frucht trug.

Lieber Leser, wenn Sie in Ihr Gebetskämmerlein gehen, dann denken Sie daran: »... denn wer zu Gott kommen will, der muß glauben, daß er ist und daß er denen, die ihn suchen, ihren Lohn gibt« (Hebr 11,6). Lernen Sie diesen Vers auswendig, lassen Sie ihn in Ihr Fleisch und Blut übergehen, beten Sie: »Jesus, ich komme zu dir, weil ich weiß, daß du der allmächtige Gott bist. Du hast alles, was ich je brauchen werde. Ich kann deine Größe nicht ermessen, aber ich glaube, daß du die, die dich von Herzen suchen, belohnst!«

Bringen Sie all Ihre Bitten vor Gott. Beten Sie, in dem Glauben, daß er Sie – auf seine Art und zu seiner Zeit – mehr als erhören wird. Fangen Sie heute damit an, ihn um die Heilung der Menschen zu bitten, die Sie für hoffnungslose Fälle gehalten haben. Vetrauen Sie ihm Ihre hoffnungslose finanzielle Situation an, Ihre unerlösten Lieben. Er wird Ihr Gebet mehr als erhören und Ihnen überschwenglich mehr geben, als Sie sich je vorstellen oder erbitten konnten!

KAPITEL 9

MEINES ANGESICHTS HILFE

Wir brauchen ein göttliches Facelifting!

In Ps 42,12 formuliert David einen kühnen Satz, den er gleich im folgenden Psalm (43,5) wiederholt: daß Gott »meines Angesichts Hilfe« ist.

Ich glaube, dies ist ein sehr wichtiger Satz. Unser Gesicht ist nämlich der Spiegel unserer Seele. Meine Freude, meine Kämpfe – es spiegelt sich alles auf meinem Gesicht. Und nicht nur auf meinem Gesicht im engsten Sinne des Wortes, sondern auch im Klang meiner Stimme, ja in meiner ganzen »Körpersprache«. Ich zum Beispiel neige, wenn Sorgen um die Gemeinde mich drücken, dazu, gebückt zu gehen und die Stirn zu runzeln. Ich sehe dann geistesabwesend aus; einige Leute finden sogar, daß ich traurig aussehe.

Vor kurzem ging ich in New York die 52. Straße entlang, ganz in die Probleme der Gemeinde versunken, als ich an einer Drogenspelunke vorbeikam. Auf der Treppe saß eine Frau, die von einem Ohr zum anderen grinste. Es war offensichtlich, daß sie »high« war. Sie schaute mir entgegen, und als ich näherkam, sagte sie: »Mister, so schlimm kann's doch nicht sein.«

Ich war gebügelt! Ich dachte: »Diese Frau ist mit Drogen vollgepumpt, und ich bin ein Diener Gottes. Sie lächelt und fühlt sich wohl, und ich schlurfe daher wie ein alter Mann, der keine Hoffnung mehr hat.« Was für eine Lektion!

Ich danke Gott für seine große Erlösung – die Erlösung unserer Seele, unseres Geistes, ja auch unseres Körpers. Aber bei vielen von uns ist das Gesicht noch nicht erlöst! Wir brauchen ein Facelifting des Heiligen Geistes, weil unsere Gesichter die falsche Botschaft an die Welt senden.

Vielleicht haben Sie davon gehört, daß eine Aspirintablette pro Tag gut für das Herz sein soll; angeblich wirkt Aspirin vorbeugend gegen Blutgerinnsel. Jetzt behaupten neuere Forschungen sogar, daß es ein »Aspirin-Facelifting« gibt. Eine Wissenschaftlerin in Oxford, Dr. Nageena Malik, führte vor kurzem eine Studie durch, die erstaunliche Ergebnisse erbrachte. Demnach wirkt Aspirin vorbeugend gegen Runzeln, indem es die Haut flexibel hält, Eiweißverklumpungen vorbeugt und einen Teil der negativen Wirkungen des Zuckers blockiert.

Also: Schlucke Aspirin und du siehst jünger aus. Und wer es ein bißchen radikaler haben will und das nötige Kleingeld hat, kann sich natürlich einer kosmetischen Operation unterziehen und so ein neues Gesicht bekommen.

Aber, lieber Leser, egal für welche Art Facelifting Sie sich entscheiden – Operation, Medikamente, was auch immer –, Ihr Gesicht wird immer noch der Spiegel Ihrer Seele sein. Wir können unsere Gefühle nicht verbergen.

Die größten Gesichtsverhärter sind Sorgen und Angst

»Der Frevler zeigt Trotz in seiner Miene ...« (Spr 21,29 Einheitsübers.) Wenn Sie in New York City wohnen, brauchen Sie nur aufmerksam durch die Straßen zu gehen, um Gesichter zu sehen, die die Sünde hart und alt gemacht hat. Besucher aus dem Mittleren Westen der USA verstehen die Welt nicht mehr: »Bei euch sehen die Leute ja zwanzig Jahre älter aus, als sie sind!« Sünde macht rasend älter!

Vor etwa zehn Jahren stand in der Zeitung, daß eine vielversprechende Filmschauspielerin, die in ihren Zwanzigern war, nach einer Drogenentziehungskur zurück ins Filmgeschäft wollte. Das Problem war nur, daß ihr Gesicht durch die Drogensucht um dreißig Jahre gealtert war. Ich sah ein Photo von ihr, und tatsächlich, tiefe Falten der Sünde und Härte hatten sich in ihr Gesicht gegraben. Sie mußte schließlich »ältere« Rollen annehmen.

Andererseits erlebe ich wunderbare Verwandlungen auf den Gesichtern der Männer und Frauen, die wir in unseren Häusern »Timothy« und »Hannah« aufnehmen. Mit bitteren Gesichtern kommen sie zu uns – und dann heilt Jesus ihren inneren Menschen, und innerhalb von Tagen beginnen sie zu leuchten. Es ist, als ob der Heilige Geist persönlich ihnen ein Facelifting verpaßt hat.

Vor vielleicht einem Jahr kam eine Frau in unser Haus »Hannah«, deren Gesicht total hart war. Zwei Wochen nach ihrer Bekehrung war sie so verwandelt, daß ich sie zuerst nicht wiedererkannte!

Woher diese Veränderung? »Die Weisheit des Menschen läßt sein Gesicht leuchten, und die Härte seines Gesichts verändert sich« (Pred 8,1 Elbf.). Die »Weisheit« in diesem Vers deute ich auf Jesus Christus. Die Gegenwart Christi in meinem Herzen hat eine direkte Auswirkung auf mein Gesicht. Sie beeinflußt meinen Gang, mein Reden, den Ton meiner Stimme.

Doch nicht nur Sünde kann unser Gesicht verhärten, sondern auch Sorgen. Wir wissen natürlich, daß wir uns als Christen nicht sorgen sollten, weil unser Herr ja all unsere Bedürfnisse und Probleme längst kennt. Worauf Sie wahrscheinlich sagen: »Kommen Sie, Bruder Wilkerson, Sie machen sich doch auch Sorgen, oder?« Stimmt genau – aber richtig ist das nicht. (Manchmal frage ich mich, wie viele meiner Falten wohl Sorgenfalten sind.)

Ich glaube, der christliche Glaube ist eine »Gesichtsreligion«. Wenn wir Jesus ganz unseren Herrn sein lassen, alle unsere Sorgen auf ihn werfen, ganz seinem Wort vertrauen und in seiner Liebe ruhen, dann muß sich eigentlich unser Äußeres zutiefst verwandeln, unser Gesicht eine tiefe Ruhe ausstrahlen.

Die Bibel gibt uns viele Beispiele hierfür:

- Als Hanna ihre Last vor Gott abgelegt hatte, »sah (sie) nicht mehr so traurig drein« (1. Sam 1,18). In ihr Gesicht war kein Kummer mehr gezeichnet, sie strahlte Freude aus.
- Als Stephanus vor dem Hohen Rat stand, leuchtete sein Gesicht »wie eines Engels Angesicht« (Apg 6,15). Das Leuchten Jesu war auf Stephanus, als er vor diesen Ungläubigen stand; jeder konnte es sehen.
- Die Männer des Hohen Rates dagegen »knirschten mit den Zähnen« über Stephanus (Apg 7,54). Haben Sie es schon einmal erlebt, wie jemand so wütend auf Sie war, daß er mit den Zähnen knirschte? Dann wissen Sie sicher, was sein Gesicht ausdrückte.

Es gibt viele traurige, niedergedrückte, verzagte, runzlige Gesichter im Haus Gottes!

Ich bin überzeugt: Es ist unsere Pflicht, Gottes Treue in unserem Leben aus unserem Gesicht sprechen zu lassen. Das Problem ist nur, daß unser Gesicht und unsere ganze Körpersprache oft das genaue Gegenteil sagen. Viele Christengesichter sagen: »Gott hat mich verlassen, ich bin ihm egal. Ich muß all meine Lasten allein tragen. Ich trauere und weine, ich muß mein Schicksal und meine Erlösung selber in die Hand nehmen, weil Gott ja nichts tut!«

Mag sein, daß Sie dergleichen nie bewußt formulieren – aber es steht auf Ihrem Gesicht! Vielleicht tragen Sie gerade jetzt wieder Ihre Sorgenmiene – vielleicht weil Sie Probleme mit Ihrer Ehe, Ihren Kindern, Ihren Finanzen haben. Schon morgens beim Aufwachen springen diese Probleme Sie an. Wie eine schwarze Wolke hängen sie über Ihnen.

Ich möchte Ihnen aus Gottes Wort zeigen, daß Sie nicht der erste sind, der so etwas durchmacht:

»… meine Hand ist des Nachts ausgereckt und läßt nicht ab; denn meine Seele will sich nicht trösten lassen … ich sinne nach – und mein Herz ist in Ängsten … Meine Augen hältst du, daß sie wachen müssen; ich bin so voll Unruhe, daß ich nicht reden kann. Ich gedenke der alten Zeit, der vergangenen Jahre. Ich denke und sinne des Nachts … Wird denn der Herr auf ewig verstoßen und keine Gnade mehr erweisen? Ist's denn ganz und gar aus mit seiner Güte, und hat die Verheißung für immer ein

Ende? Hat Gott vergessen, gnädig zu sein, oder sein Erbarmen im Zorn verschlossen? ... Ich sprach: Darunter leide ich ...« (Ps 77,3-11).

Wenn der Psalmist sagt: »Darunter leide ich«, meint er wörtlich: »Dies hier habe ich auszuhalten« (Elbf: »Das ist mein Schmerz«). Ich frage Sie: Kann Ihre Lage noch schlimmer sein als die dieses Psalmdichters? Er ist trostlos, sein Herz ist in Ängsten, er kann nicht schlafen, ja noch nicht einmal reden. Die guten Zeiten, sie waren einmal. Er fühlt sich einsam und verlassen, von Gott vergessen. Doch am Ende kann er wieder lachen. Und warum? Weil er in seiner Not zu Gott rief und ihn suchte (V. 1-2).

So viele Christen glauben an Jesus und nehmen ihn beim Wort – aber Tag für Tag, Jahr um Jahr leiden sie vor sich hin, weil sie ihre Probleme nicht zu ihm bringen. Wie viele Ehen sind krank, weil der eine Ehepartner so in seinen eigenen Problemen oder denen seiner Kinder gefangen ist, daß er das, was der andere braucht, glatt vergißt. Da trägt eine Frau die Nöte ihrer Kinder so lange mit sich herum, daß sie sich in ihr Gesicht graben. Jahraus, jahrein hört ihr Mann nur Klagen von ihr, nie leuchtet ihr Gesicht. Er versucht, sie weiterzulieben, aber nach und nach zermürbt sie ihn. Das Leben mit ihr hat den Charme eines Leichenhauses.

Diese Frau richtet langsam, aber sicher ihre Ehe zugrunde und verbittert ihren geduldigen Ehemann, weil sie an ihre Probleme versklavt ist. Sie hat keinen Frieden, keine Ruhe, kein Lächeln, keine normalen Tage und Nächte. Sie läßt sich von ihren Sorgen auffressen. Sie schläft mit ihnen, ißt mit ihnen, spricht über sie – und kommt nie heraus aus dem Tal der Depression.

Schließlich vergrault sie selbst ihre Freunde damit. Sie beten für sie, reden mit ihr, versuchen ihr Mut zu machen, ihre Last an Jesus abzugeben – aber es ist, als ob sie gegen eine Wand reden. Nach und nach bleiben sie weg, und die Frau ist allein mit ihrer kleinen Welt, eingesperrt in den Problemen anderer Menschen.

Viele solche Menschen können schließlich nicht mehr und enden in Scheidung oder Nervenzusammenbruch. Ihre Gesichter sind zerfurcht von Traurigkeit. Und ihre Kinder, ja sogar ihre Enkel leiden furchtbar mit.

Wenn Sie auch solch ein Fall sind, dann bitte ich Sie: Nehmen Sie sich noch heute Zeit für Gott und rufen Sie zu ihm! Sagen Sie ihm alle Ihre Probleme, alles, was Sie drückt. Sagen Sie ihm, daß Sie am Ende sind, daß Sie nicht mehr können, daß Sie bereit sind, es alles auf seine Schultern zu legen. Reden Sie mit Gott!

Ich staune immer wieder, wenn Menschen, die behaupten, Jesus zu lieben, sich weigern, ihre Not vor ihn zu bringen. Warum schließen wir uns nicht mit ihm ein und schütten ihm unser Herz aus? Sie antworten vielleicht: »Da bin ich nicht der Typ für. Beten ist nicht meine Stärke, ich trage die Last lieber selber.«

Wenn Sünde oder Not zuschlagen, neigen viele Christen dazu, wegzulaufen und sich zu verstecken – wie einst Adam und Eva. Aber wann sollen wir denn lernen, zu Jesus zu laufen, wenn nicht dann, wenn wir in Not sind? Genau das war Davids Geheimnis: »Errette mich, Gott, von meinen Feinden; zu dir nehme ich meine Zuflucht« (Ps 143,9).

Sie können heute damit anfangen. Und wenn Sie das tun, werden Sie ein Wunder erleben. Die Last wird von Ihren Schultern genommen werden, und Ihr Herz wird neu werden. Sie werden eine neue Welt des Sieges erfahren – und Ihr Gesicht wird sich verändern.

Aber jetzt möchte ich zum Kern dieser Predigt kommen:

Was betrübst du dich, meine Seele?

Es gibt eine unerklärliche geistliche Depression, die irgendwann selbst den treuesten Gottesdiener heimsucht. Der Psalmist sagt: »Was betrübst du dich, meine Seele, und bist so unruhig in mir? ... Mein Gott, betrübt ist meine Seele in mir ...« (Ps 42,6-7).

Die Theologen sind nicht sicher, wer der Verfasser dieses Psalms ist, aber eines wissen wir über ihn: Etwas bedrückte ihn. Seine Seele ist zutiefst aufgewühlt – aber er kann nicht erklären, warum. Der Psalmist brennt für Gott. Er lechzt nach ihm, wie ein Hirsch nach Wasser lechzt (V. 2). Er fragt: »Wann werde ich dahin kommen, daß ich Gottes Angesicht schaue?« (V. 3).

Wir erfahren nirgends, was mit diesem Psalmisten los ist. Zweifellos hätte er es selber gerne gewußt. Er schrie zu Gott: »Gott, warum? Warum liege ich innerlich so am Boden? Ich liebe dich doch mehr als je zuvor. Mein Herz verlangt nach dir.

Aber aus irgendeinem Grund stecke ich in diesem Tief. Ich weiß nicht, was mit mir los ist, ich kann es nicht erklären!« »Meine Tränen sind meine Speise Tag und Nacht ...« (V. 4).

Kennen Sie sie auch, diese unerklärliche, unerwartete, namenlose Melancholie ganz tief drinnen? Gestern ging es Ihnen noch gut, Sie wußten von keiner Sünde in Ihrem Leben, und heute, beim Aufwachen, stecken Sie in einem tiefen Loch – und wissen nicht, warum.

In unserer Gemeinde gibt es einen lieben jüdischen Bruder namens Joel, der ein Dichter und hochsensibel ist. Eines Tages traf ich ihn, als er gerade in die U-Bahn ging, und sagte: »Na, wie geht's?« Er lächelte zögernd, und dann sagte er, mit einem eigenartigen Blick: »So lala. So komisch, ich kann's selber nicht erklären.«

Ich wußte, was er meinte, denn ich war selber gerade aus solch einem Tief herausgekommen. Ich konnte mit dem Psalmisten sagen, daß ich nach Gott hungerte und dürstete, daß meine Seele sich nach seiner Gemeinschaft sehnte. Ich hatte keine Probleme in meinem Leben, die mich seelisch hätten belasten können. Ich hatte mich Gott nie näher gefühlt.

Und dann kam es, wie ein Blitz aus heiterem Himmel. Plötzlich kam mir mein Leben so leer, nutzlos, monoton vor. Hatte es überhaupt einen Sinn, was ich tat? Es war wie eine innere Lähmung, ich hatte keine Lust zum Beten mehr. Ich stand vor einem Rätsel.

Tagelang ging das so, und mein Gesicht veränderte sich. Ich schaute traurig in die Welt hinaus! Dann betete ich schließlich: »Herr, was ist hier nur los? Warum fühle ich mich so? Ich weiß doch, daß du mich liebst – aber ich fühle mich wie ein kompletter Versager.« Den ganzen Tag wollten mir die Tränen kommen, und manchmal ließ ich sie auch fließen. Und schließlich fragte ich mit dem Psalmisten: »Warum betrübst du dich, meine Seele? Warum trauerst du so?«

Eine Pastorin erzählte mir einmal: »Manchmal wache ich mit so einem Gefühl der Leere auf. Eigentlich weiß ich, daß ich in Gott geborgen bin, ich erlebe seine Nähe richtig. Ich glaube, mein Geist ist stark. Aber dann bin ich morgens wieder so deprimiert und weiß nicht, warum. Ich fühle mich dann wie abgekoppelt vom Leben, so, als ob ich auf drei statt vier Rädern fahre.«

Dieses Problem ist weit verbreitet unter Berufschristen. Eine Pastorenehefrau erzählte mir einmal: »Mein Mann hat eine lebendige Gemeinde und ist hochangesehen. Gott hat uns viele Türen geöffnet, und es geht uns gut. Mein Mann hat alles, wovon er je geträumt und wofür er gebetet hat. Aber manchmal kommt so etwas über ihn, das mir Sorgen macht. Dann ist er so ruhelos und kommt sich so nutzlos vor. Er weiß selber nicht, was das ist, und ich fühle mich dann richtig hilflos.«

Ich glaube, diese namenlose Schwermut ist die Ursache für viele unserer »Zwei-Jahres-« und »Vier-Jahres-Pastoren« – also jene ruhelosen Geister unter den Pastoren, die nur kurze Zeit in einer Gemeinde bleiben und dann weiterziehen. Oder die sich plötzlich verpflichtet fühlen, »etwas zu bewegen« in der Gemeinde.

Manch ein Pastor stürzt in einer solchen Phase seine Gemeinde in ein Neubauprojekt. So bat eine Gebetsgruppe in einer amerikanischen Stadt uns einmal darum, für ihren Pastor zu beten. Sie schrieb: »In unserem Pastor geht etwas vor, das wir nicht erklären können. Er will eine Gemeindeturnhalle bauen – und die meisten in unserer Gemeinde sind über sechzig! Was sollen wir mit einer Turnhalle? Unser Pastor kann uns nicht erklären, warum er eine will, und seine Frau weiß auch nicht, was dahintersteckt. Bitte beten Sie, daß der Anfall vorübergeht, bevor er mit dem Bauen anfängt!«

Vielen anderen Christen geht es ganz ähnlich. Aber jetzt zu Ihnen, lieber Leser! Fühlen Sie sich auch wie im Leerlauf – deprimiert, gedrückt, mit einem unerklärlichen Knäuel trauriger Gedanken in der Seele? Haben Sie den Eindruck, daß Ihre Gebete nicht erhört, Ihre Träume nicht erfüllt werden? Und merken Sie, wie all dies Ihr Gesicht verändert?

Ich habe gute Nachrichten für Sie: Dies ist eine Depression der Gerechten! Sie befällt nur Menschen, die nach Jesus hungern. Wir sollten keine Angst vor ihr haben – weil der Heilige Geist in ihr am Werk ist.

Nach über sechzig Jahren Lebenserfahrung weiß ich, daß früher oder später jeder Christ Bekanntschaft mit diesem Zustand macht. Aber erklären können wir ihn nicht! Der Psalmist hat nie seine »Warum?«-Antworten bekommen, und es gibt auf der ganzen Welt kein Buch, keinen Berater oder Psychologen, der Ihnen erklären kann, warum solch ein namenloses geistliches Tief über Sie gekommen ist.

Ich glaube, diese unerklärliche Schwermut ist das Seufzen des Heiligen Geistes in uns. Er demonstriert uns, wie es ist, ohne Gott zu sein – ganz auf sich selber gestellt zu sein, ohne Trost, Hoffnung und Leitung. Er läßt uns diesen furchtbaren Zustand gleichsam schmecken. Unser Körper ist ja sein Tempel, und Gott hat ihn uns geschickt, um uns als fleckenlose Braut auf unseren Bräutigam Christus vorzubereiten. Er weiß, was es braucht, um uns unbefleckt zu erhalten, und er weiß, wie wichtig es ist, daß wir täglich zu Gott um Kraft und Hilfe gegen die Sünde rufen, die uns so umstrickt. Wir können in unserer Zeit nicht fest stehen, wenn wir nicht ganz enge Gemeinschaft mit unserem Herrn haben, ihm völlig vertrauen und ständig zu ihm fliehen.

Der Heilige Geist kennt auch die Tiefen Gottes und den Ausweg aus jeder Not. Er hat die Macht, uns aus jeder Schwierigkeit herauszuhelfen. Und aus seinem Heiligtum in unserem Herzen läßt er seinen Atem in all unsere Gefühle hineinwehen – werbend, bittend, mutmachend, tröstend, überführend, leitend, lehrend, ermahnend, die Realität Christi demonstrierend.

Aber wie oft vernachlässigen wir dieses herrliche Geschenk in uns. Wir ignorieren Gottes Geist, wir gehen zur Tagesordnung über, tun gerade so, als ob er nicht in uns wohnt. Und dies spiegelt sich auf unserem Gesicht – in einer Sieben-Tage-Regenwetter-Miene.

Traurig: Viele Christen suchen Gott nicht!

Viele von uns lesen die Bibel gelangweilt. Wir öffnen Gottes Wort nur, weil sich das so gehört; seine Botschaft hat uns nichts zu sagen, bringt uns kein neues Leben. Wir beten immer weniger, wir freuen uns nicht mehr darauf, im stillen Kämmerlein mit Gott zu reden.

Lieber Leser, der Heilige Geist, den Gott in uns hineingegeben hat, gibt uns alle Kraft, alle Hoffnung, alle Gnade und Frieden, die wir je brauchen werden – und was tun wir? Wir lassen diesen Heiligen Geist links liegen! Es ist eine schlimme Beleidigung des Geistes, wenn wir unnötig Lasten mit uns herumschleppen, wenn wir vor den Augen einer bösen Welt mit sorgenvoller Trauermiene herumschleichen, gerade so, als sei Gott tot.

Und deshalb stöhnt der Heilige Geist in uns, mit unaussprechlichem Seufzen. Er zieht sich zurück und seufzt auf. Nein, er verläßt uns nicht ganz und gar – aber manchmal zieht er sich für eine Zeitlang zurück, um unseren Glauben zu prüfen. Und warum seufzt er so? Weil wir, anstatt zu ihm zu kommen, die halbe Nacht mit Freunden diskutieren, Lebenshilfebücher lesen, nach Antworten suchen. Und die ganze Zeit tun wir so, als sei er nicht da! Dabei ist er im innersten Heiligtum unseres Herzens. Er hält alles bereit, was wir brauchen – und wir klagen unsere Not anderen Menschen und laufen bedrückt herum.

Früher habe ich, wenn der Heilige Geist in mir seufzte, immer gefragt: »Herr, was habe ich falsch gemacht? Habe ich irgendwo eine verborgene Sünde?« Ich habe hartnäckig nach Antworten gesucht, habe Bücher gelesen, biblische Begriffe bis ins Kleinste untersucht. Ich wollte herausfinden, woher sie kam, diese unerklärliche Schwermut!

Ich habe sie manchmal heute noch, aber jetzt weiß ich, woher sie kommt – und ich habe keine Angst mehr vor ihr. Ich weiß, daß sie nichts mit Sünde zu tun hat, sondern daß der Heilige Geist in mir am Werk ist. Er seufzt, damit ich zurück in Jesu Arme laufe!

Genau dies bewirkte das Seufzen des Geistes auch bei dem Psalmisten. Es gab ihm einen neuen Hunger nach Gott:

- »Ich sprach: Darunter leide ich, daß die rechte Hand des Höchsten sich so ändern kann. Darum denke ich an die Taten des HERRN, ja, ich denke an deine früheren Wunder und sinne über alle deine Werke und denke deinen Taten nach. Gott, dein Weg ist heilig. Wo ist ein so mächtiger Gott, wie du, Gott, bist? Du bist der Gott, der Wunder tut, du hast deine Macht bewiesen unter den Völkern« (Ps 77,11-15).
- »Sende dein Licht und deine Wahrheit, daß sie mich leiten und bringen zu deinem heiligen Berg und zu deiner Wohnung, daß ich hineingehe zum Altar Gottes, zu dem Gott, der meine Freude und Wonne ist ...« (Ps 43,3-4).

Der Heilige Geist läßt es zu, daß diese namenlose Depression uns plagt, bis wir sagen: »Ich schaffe das nicht! Ich kann den

Teufel nicht aus eigener Kraft bekämpfen, ich kann keine Versuchung bestehen ohne den Heiligen Geist. Ich bin es satt, dauernd zu Menschen zu rennen, um eine Antwort zu kriegen. Gott – ich rufe jetzt zu dir, ich kann nichts ohne dich. Heiliger Geist, nimm du das in deine Hand!«

Kurz und gut: Was wir in dieser Schwermut erfahren, ist eine Sehnsucht nach Jesus. Es handelt sich nicht eigentlich um eine Depression, sondern in uns schreit es danach, Gemeinschaft mit unserem Heiland zu haben. Das ist der eigentliche Sinn jenes Seufzens und Stöhnens. Wenn ich nicht Gottes Gegenwart habe, zeigt sich das auf meinem Gesicht. In Ps 42,4 berichtet der Psalmist, wie die Leute ihn dauernd fragen: »Wo ist nun dein Gott?« Offenbar war er so gedrückt, daß man es von seinem Gesicht und ganzen Körper ablesen konnte, und seine Mitmenschen sagten zu ihm: »Du willst doch ein Mensch des Glaubens sein. Wo ist denn jetzt dein Gott?«

Lieber Leser, wenn Sie nicht Gottes Gemeinschaft suchen und Ihr Gesicht das verrät, dann hat die Welt jedes Recht, Ihnen die gleiche Frage zu stellen: »Schau dich doch mal an, wie elend und ohne Hoffnung du aussiehst. Wo ist dein Gott? Wo ist der Christus, den du uns dauernd vorpredigst?«

»Meine Seele ist still, ich habe Frieden, weil der Geist Gottes selber in mir wohnt. Er führt mich, er tröstet meine Seele, und ich brauche nichts Böses zu fürchten – weil ich Tag und Nacht in der rettenden Kraft des Heiligen Geistes bin, der in mir lebt!« Ist das die Botschaft Ihres Gesichtes an eine verlorene und verwirrte Generation?

Wie Gott mich heilte

Kürzlich ging ich wieder durch solch ein finsteres Seufzertal, als Gott mir ein Wort vom Himmel schickte. Als ich durch die Berge von Pennsylvania ging, gab mir der Herr dieses Wort ins Herz – und ich wiederholte es wieder und wieder, bis meine Schwermut fort war. Es war ein schlichter Bibelvers: »Alle eure Sorge werft auf ihn; denn er sorgt für euch« (1. Petr 5,7).

Es ist eines, diesen Vers zu zitieren; es ist etwas anderes, ihn zu glauben. Als ich dort durch den Wald ging, erinnerte Gott mich daran, daß ich ihm ja nicht egal bin. Meine Not geht ihm nahe. Und ich rief: »O Herr, ja, du sorgst für mich, du liebst mich, jeden Augenblick wachst du über mir!«

Und plötzlich flüsterte der Heilige Geist mir zu: »Das ist das Geheimnis! Dazu hat der Vater mich gesandt – um dir zu helfen, dieses Wort zu glauben. Egal, was du gerade durchmachst, egal, was deine Last ist – Gott sorgt für dich! Er ist nicht böse auf dich, er versteckt sich nicht von dir. Im Gegenteil, sein Herz brennt für dich, er sieht alles, was dir geschieht. Glaubst du das, David? Wirfst du all deine Sorge auf ihn – all deine Sünden, Versagen und Nöte?«

Lieber Leser, wenn Sie wirklich glauben, daß Gott Sie liebt, und wenn Sie alle Ihre Sorgen auf ihn werfen, dann wird Ihr Leben frei! Sie werden den Kopf wieder hochheben können, wie ich. Wenn ich heute durch die harten, kalten Straßen von New York City gehe, lege ich all meine Sorge auf den Herrn und darf wissen: Mein himmlischer Vater wacht über mir. Er liebt mich, ich bin ihm nicht egal!

Wenn ich das nächste Mal diese Drogensüchtige in der 52. Straße sehe, werde ich ihr sagen: »Sie haben recht – so schlimm ist es wirklich nicht. Es ist gut, weil ich meinen Gott habe!«

KAPITEL 10

DAS HANDTUCH NEHMEN

Wie man den Trost des Heiligen Geistes gibt

In Johannes 13 gibt es die berühmte Stelle, wo Jesus ein Becken mit Wasser nimmt und seinen Jüngern die Füße wäscht. Anschließend sagt er ihnen: »Wenn nun ich, euer Herr und Meister, euch die Füße gewaschen habe, so sollt auch ihr euch untereinander die Füße waschen« (Joh 13,14).

Es gibt Christen, die diesen Vers wörtlich nehmen und »Fußwaschungsgottesdienste« durchführen. Ein löblicher Brauch – aber wenn er nur ein Ritual bleibt, ist die wahre Bedeutung der Fußwaschung verlorengegangen.

Als Jesus mit der Fußwaschung fertig war, setzte er sich wieder und fragte seine Jünger: »Wißt ihr, was ich hier gerade getan habe?« Mit anderen Worten: »Versteht ihr die geistliche Bedeutung der Fußwaschung?«

Ich glaube, diese Frage unseres Herrn gilt auch uns heute. Bei der Fußwaschung geschah etwas sehr Tiefes; Christus lehrte seine Gemeinde eine ihrer wichtigsten Lektionen. Aber verstehen wir, was Jesus im Tiefsten tat, als er die Füße seiner Jünger wusch?

Jesus stiftete hier nicht ein Sakrament wie die Taufe oder das Abendmahl; sonst hätte er die Fußwaschung schon zu Beginn der Ausbildung der Jünger eingeführt, und er hätte sich selber die Füße waschen lassen, so wie er sich auch selber von Johannes taufen ließ. Ich habe mich in meine Bibelkommentare vertieft, um zu sehen, was die Väter der Kirche über diese Szene zu sagen haben. Fast ohne Ausnahme sehen sie sie als Demonstration der Demut: Jesus diente seinen Jüngern, um uns zu zeigen, was Demut heißt.

Doch ich glaube, diese Deutung geht an der Bedeutung dieser Szene völlig vorbei. Jesus hatte doch bereits gezeigt, was Demut ist – indem er seine Herrlichkeit im Himmel verließ und als Diener zu uns kam und Mensch wurde. Nein – die Fußwaschung hat uns viel mehr zu sagen. Ich glaube, Jesus hat uns mit ihr ein Beispiel der Art von Zeichen gegeben, die er am meisten haben will – daß wir »das Handtuch nehmen«.

Wenn wir heute von Zeichen und Phänomenen reden, denken wir an Leute, die im Gottesdienst plötzlich zu Boden fallen. Viele finden das befremdend. Aber wenn wir die Bibel lesen, erfahren wir, daß Jesus viel über ungewöhnliche Zeichen redete. Nein, nicht über das Umfallen in Gottesdiensten. Aber er sprach davon, in die Erde zu fallen und zu sterben, um Frucht zu bringen. Er sprach davon, sein Kreuz auf sich zu nehmen, die Hand, die einen ärgert, abzuhauen, das Auge herauszureißen, zwei Meilen zu gehen.

Und eines der allersonderbarsten Zeichen, von denen Christus redete, ist sein Aufruf, das Handtuch zu nehmen. Ich bin in meinen Jahren als Pastor oft gefragt worden: »Warum waschen wir im Gottesdienst nicht einander die Füße, wie Jesus uns geboten hat? Er hat doch gesagt, wir sollen tun, wie er uns getan hat.« Meist habe ich darauf geantwortet: »Jesus meint das geistlich und nicht äußerlich.« Aber was diese geistliche Bedeutung war, das wußte ich auch nicht.

Oft übergehen wir bestimmte Wahrheiten in der Bibel, weil wie ihre Bedeutung nicht verstehen – und verpassen so jahrelang ihre ganze Kraft. Die Schrift fordert uns zum Beispiel auf:

»… durch die Liebe diene einer dem andern« (Gal 5,13). Und: »Ordnet euch einander unter in der Furcht Christi« (Eph 5,21). Aber wie viele von uns wissen wirklich, was es heißt, einander in Liebe zu dienen? Und einander in der Furcht Christi unterordnen – was heißt das? Wie eine Frau sich der geistlichen Autorität ihres gläubigen Ehemanns unterordnet oder Kinder ihren gottesfürchtigen Eltern gehorchen, können wir uns leicht vorstellen. Aber wie soll das praktisch zugehen, daß wir in der Gemeinde einander dienen und uns einander unterordnen?

Ich glaube, sobald wir verstehen, was Jesus bei der Fußwaschung tat, werden wir auch dieses Einander-Dienen und sich Unterordnen verstehen. Es bedeutet nämlich viel mehr, als daß man Anweisungen entgegennimmt oder einer höheren Autorität verantwortlich ist. Das Handtuch ist der Schlüssel zum Verständnis dieser herrlichen Wahrheiten.

Als ich kürzlich betete, gab mir der Heilige Geist drei Worte, um mir die inneren Augen zu öffnen für die Sache mit dem Handtuch. Die Worte sind *Schmutz*, *Trost* und *Einheit,* und wir wollen sie jetzt untersuchen, in der Hoffnung, daß der Geist uns seine Wahrheit offenbaren wird.

1. Der schmutzige Bruder

Die Jünger Jesu waren zwölf von Gott geliebte Männer – kostbar in seinen Augen, voller Liebe für seinen Sohn, reines Herzens, in voller Gemeinschaft mit Jesus. Aber sie hatten Schmutz an den Füßen! Jesus sagte diesen Männern: »Eure Herzen und Hände sind sauber, aber eure Füße nicht. Sie sind schmutzig geworden in eurem täglichen Wandel mit mir. Ihr braucht kein Vollbad, aber eure Füße müssen gewaschen werden.«

Der Schmutz, den Jesus hier meint, ist kein Straßenstaub. Es geht um Sünde – unsere Fehler und Versagen, unser Fallen in der Versuchung. Und egal, wie schmutzig die Straßen im alten Jerusalem waren, kein Zeitalter war je so verdreckt wie das unsere.

Wie viele von Ihnen, die diese Seiten lesen, haben gerade »Dreck am Stecken«? Vielleicht sind Sie in der vergangen Woche einer Versuchung erlegen oder haben als Christ versagt. Nicht, daß Sie Jesus den Rücken gekehrt hätten – im Gegenteil,

Sie lieben ihn mehr denn je. Aber Sie sind gefallen, und jetzt betrachten Sie traurig Ihre schmutzigen Füße.

Die Bibel sagt: »Liebe Brüder, wenn ein Mensch etwa von einer Verfehlung ereilt wird, so helft ihm wieder zurecht mit sanftmütigem Geist, ihr, die ihr geistlich seid; und sieh auf dich selbst, daß du nicht auch versucht werdest« (Gal 6,1). Im Urtext steht hier für *Verfehlung* ein griechisches Wort, das »Fall«, »Sünde«, »Übertretung« bedeutet. Wir sollen jedem Christen, der in Sünde gefallen ist und dies bereut, wieder aufhelfen. In ihrer tiefsten geistlichen Bedeutung hat die Fußwaschung mit unserer Einstellung zu dem Sündendreck zu tun, den wir an unserem Bruder/unserer Schwester sehen. Ich frage Sie also: Was tun Sie, wenn Sie einem Mitchristen gegenüberstehen, der in Sünde gefallen ist? Was machen Sie mit seinem Schmutz? Das Handtuch nehmen, einander in Liebe dienen, einander in der Furcht Christi unterordnen – genau darum geht es hier.

Christen können sehr grausam sein. Oft sind sie gemeiner und destruktiver als die Bösen auf der Straße. Und Jesus wußte das. Er wußte, wie wir reagieren, wenn wir Schmutz am Bruder sehen – wie genüßlich selbstgerecht wir dann werden, wie wir verurteilen, klatschen und verleumden. Fleischliche Christen genießen es, wenn andere sich dreckig gemacht haben; sie können sich nicht genug aufhalten darüber – und das ist die dreckigste Sünde von allen!

Vor kurzem versuchte ich einem jungen Pastor zu helfen, der seine Ämter niederlegte, nachdem er eine sexuelle Übertretung bekannt hatte. Dieser liebe Mann liebt den Herrn, er hat ein Herz für die Menschen und das Wort Gottes. Aber er hatte sich die Füße schmutzig gemacht und bereute es bitter.

Als ich von seinem Fall hörte, wies der Heilige Geist mich an, sofort Verbindung mit ihm aufzunehmen. Ich wußte, daß dieser junge Pastor kein böser Mensch war, seine Sünde hatte sein Herz nicht verstockt. Aber seine besten Freunde verließen ihn; die, die ihn angeblich am meisten geliebt hatten, gingen ihm aus dem Weg, als ob er eine ansteckende Krankheit hatte. Und als ob das noch nicht genug war, verlangte die Leitung seiner Denomination, daß er sein Bekenntnis, mit sämtlichen Einzelheiten, auf Video aufnahm.

Ich rief diesen lieben Bruder an – und nahm ein Handtuch zur Hand dazu. Ich sprach auf seinen Anrufbeantworter: »Bruder, ich will, daß du weißt, daß ich dich liebe. Gott ist nicht fertig mit dir. Wenn du ein bußfertiges Herz hast, wird er dir wieder aufhelfen. Und ich stehe an deiner Seite!«

Später rief mich ein Freund dieses Pastors zurück. Er sagte: »David, du kannst dir nicht vorstellen, was dein Anruf meinem Freund bedeutet hat – wie er ihn gesegnet, getröstet und ermutigt hat. Du bist der einzige, der so auf ihn zugegangen ist. Deine Worte haben ihm neue Hoffnung gegeben.«

Das Handtuch nehmen – das ist eine Grundeinstellung, eine Verpflichtung. Es bedeutet, daß ich alles in meiner Macht Stehende tue, um die Füße meines Bruders zu reinigen. Es sagt aus: »Ich verpflichte mich, dir zu helfen, sauber zu werden – deinen Ruf, deine Familie wiederherzustellen und alles zu tun, um dich in Christus lebendig zu halten!« Die Bibel sagt ohne Wenn und Aber, daß wir, wenn ein Mitchrist von einer Sünde übereilt wird, diesem Bruder oder dieser Schwester wieder aufhelfen müssen. Wir müssen ihnen in Liebe dienen und uns ihnen in der Furcht Christi unterordnen.

Aber wie macht man das denn? Wir nehmem das Handtuch der Gnade Gottes und gehen zu diesem verletzten Menschen. In der Liebe Jesu legen wir unsere natürliche Lust, ihn zu ignorieren, zu verurteilen, bloßzustellen und ihm die Leviten zu lesen, ab und werden statt dessen sein Freund. Wir helfen ihm, seine Sünden abzuwaschen, indem wir ihm das korrigierende, heilende, reinigende, tröstende Wort Gottes bringen. Dies ist nicht dasselbe wie ein Auge vor der Sünde zuzudrücken oder Böses gut zu nennen. Es geht hier um gefallene Christen, die ihre Sünde bereuen, aber keine Hoffnung haben. Sie wissen, daß sie den Herrn betrübt haben, und leben in Angst, Schuld und dem Gefühl, abgelehnt zu werden.

Ganz anders liegt der Fall bei Menschen, die zwei- oder dreimal gewarnt worden sind, aber bewußt an ihrer Sünde festhalten. Die Bibel weist uns an, solche Gläubigen scharf und öffentlich zurechtzuweisen, damit die anderen Gott fürchten. Oft muß man sie für eine Zeitlang aus der Gemeinde ausschließen, bis sie echte Buße zeigen. Aber diejenigen, die ihre Sünde bekennen und lassen, brauchen jemanden, der mit dem Handtuch der Gnade zu ihnen kommt und ihnen Reinigung und Heilung bringt.

Vor ein paar Jahren rief ein Pastor, der in einer sehr großen Gemeinde arbeitete, mich ganz aufgelöst an. Er sagte: »Bruder David, ich bin völlig am Ende.« Seine Teenagertochter war unehelich schwanger geworden, und darauf verlangte sein Chef, der Leitende Pastor der Gemeinde, daß er vor die versammelte Gemeinde trat und ihr berichtete, was seine Tochter getan hatte. Der arme Mann hatte gehorcht. Es hatte seine Tochter umgehauen, das Herz der Familie gebrochen, und die Gemeinde schwelgte in allen Einzelheiten der Affäre.

Ein Jahr danach wurde übrigens die Tochter des Leitenden Pastors schwanger. Der Leitende Pastor bemühte sich mit vollem Einsatz, die Sache zu vertuschen.

Gott, erbarme dich unser – weil wir Menschen kaputt machen, die Dreck an ihren Füßen haben. Wann lernen wir es endlich, das Handtuch der Gnade zu nehmen und zu reinigen und zu heilen, anstatt den Dreck durch die Gegend zu werfen und kostbare Seelen zu zerstören?

2. Die, die das Handtuch nehmen, sind die wahren Tröster, die der Heilige Geist benutzt

Wissen Sie, wie das ist, wenn man barfuß durch Schlamm laufen muß? Die Dreckkruste, die sich um die Füße legt, kann einem echt zu schaffen machen, und es ist eine Wohltat, wenn die Füße wieder sauber sind. Jesus tat seinen Jüngern etwas Gutes, als er ihnen die Füße wusch, aber noch größer ist die Wohltat, die er ihnen damit symbolisierte: das Abwaschen der Sünden!

In 1. Kor 5 lesen wir von einem Christen in Korinth, der in die furchtbare Sünde des Inzests fiel. Offenbar zeigte er keine Reue, so daß Paulus die Gemeinde anwies, ihn dem Satan zu übergeben, »zum Verderben des Fleisches, damit der Geist gerettet werde am Tage des Herrn« (V. 5). Paulus sagte nicht, daß dieser Mann jetzt verloren und auf dem Weg zur Hölle war, sondern er wollte ihn eine Zeitlang den Tücken des Satans ausliefern, damit er nicht mehr aus noch ein wußte und zur Buße kam.

In 2. Kor 2 erfahren wir, daß dieser Mann in der Tat zur Besinnung gekommen und reumütig zurückgekehrt ist; die Gemeinde hat ihm vergeben. Und jetzt schreibt Paulus den Korinthern: »... so daß ihr nun ihm desto mehr vergeben und ihn trösten sollt, damit er nicht in allzu große Traurigkeit versinkt. Darum ermahne ich euch, daß ihr ihm Liebe erweist« (2. Kor 2,7-8).

Paulus wußte, daß dieser Mann voller Reue und Traurigkeit war – ein demütiger, zerbrochener Mensch. Die Gemeindeglieder sahen dies – und wurden (so deute ich diese Stelle) von einem Geist der Gnade erfüllt. Sie ermutigten ihn, trösteten ihn, wuschen seine Füße, und Paulus ermutigt sie, auf diesem Weg fortzufahren. Jetzt war er rein, jetzt gehörte er wieder zum Leib Christi. Was für ein wunderbares Bild!

Es gibt heute viele Christen, die in der gleichen Lage sind wie dieser Mann. Sie sagen sich: »Ich habe meinem Erlöser Unehre gemacht, ich habe seinem Namen Schande bereitet!« Aber sie erfahren ganz und gar nicht das, was 2. Kor 2 beschreibt.

Ich möchte Ihnen aus einem Buch zitieren, das mir vor kurzem in die Hände kam. Es ist von der Tochter eines Pastors, der vor einigen Jahren in Sünde fiel, geschrieben. Seine Familie machte anschließend die Hölle durch. Die Tochter berichtet:

> (Die Reporter) folgten uns bis zur Haustür. Wir bekamen Anrufe von großen Klatschblättern, die uns viel Geld für eine saftige Story anboten. Wir tricksten die Reporter aus und fuhren mit Vater in ein Restaurant – nur um festzustellen, daß wir am Nachbartisch das große Gesprächsthema waren. Es war furchtbar.
>
> Nur Pastor X stand zu uns. Vater saß buchstäblich am Telefon und wartete auf seine Anrufe. Die Schuld und die Scham fraßen ihn schier auf ... Vater war in eine tiefe Depression versunken ... Gerade die Menschen, denen er so treu gedient hatte, stellten ihn jetzt an den Pranger.
>
> Jeden Tag gab es neue Gerüchte, die die Pastoren in Briefen fleißig verbreiteten ... Nur ein paar ganz wenige Getreue zeigten uns christliche Liebe und Vergebung; sie riefen uns an und beteten für uns.

Ich kenne den Vater dieser Autorin persönlich. Er ist ein hingebungsvoller Diener Gottes, ein guter Vater und fürsorglicher

Pastor. Nach wie vor brennt sein Herz für Jesus, und er ist heute voll rehabilitiert und Pastor einer wachsenden Gemeinde. Aber können Sie sich vorstellen, wie er sich in den Jahren nach seinem Fall fühlte? Alle, denen er so treu gedient hatte, einschließlich derer, die ihm ihre Bekehrung verdankten, wandten sich gegen ihn. Wie viele Amerikaner besaß er eine Pistole, und einmal schlug seine Tochter ihrem Mann vor, ihm die Waffe wegzunehmen, damit er sich nicht womöglich das Leben nahm.

Dieser einsame, verzweifelte Mann saß neben seinem Telefon und wartete auf den nächsten Anruf von seinem barmherzigen Kollegen. Er war der einzige, der bereit war, mit dem Handtuch zu seinem Freund zu gehen – ihm ein wenig Trost, ein Wort der Ermutigung, einen Augenblick des Lachens zu bringen. Können wir es dem verzweifelten Pastor verdenken, daß ihm nach etwas Atemholen zumute war nach den langen Jahren der Angriffe durch Christen und Pastorenkollegen?

Der Dämon des Hasses geht durch unsere Welt – Rufmord, Verleumdung, Zerstörung von Familien

Kaum verkündet ein Politiker, daß er in den Wahlkampf einsteigt, stürzen die Medien sich wie die Geier auf sein Vorleben und wühlen nach Schmutz, und wenn sie welchen gefunden haben, schmieren sie ihn über die Schlagzeilen, damit ihn das ganze Land angaffen kann. Amerika ist rufmordsüchtig geworden. Eine Klatsch- und Enthüllungsshow nach der anderen flimmert über den Bildschirm. Es kitzelt so schön, wenn man zuschauen kann, wie ein Mensch, eine Familie, ein guter Ruf fertiggemacht wird. Je peinlicher, desto besser.

Dergleichen hat im Haus Gottes keinen Platz. Die Gemeinde sollte anders sein, sie sollte ein Haus der Heilung sein! Die Heiden in Ephesus gaben dem Volk Gottes den Ehrennamen »Christen« (»die Gütigen«). Sie hatten gesehen, in welcher Liebe diese Gläubigen miteinander umgingen. »Seid aber zueinander gütig, mitleidig, und vergebt einander, so wie auch Gott in Christus euch vergeben hat« (Eph 4,32 Elbf.).

Wenn ich gütig sein will – also das Handtuch nehmen will, um einem Bruder oder einer Schwester aufzuhelfen –, brauche ich nicht alle Einzelheiten zu wissen, wie der Betreffende sich schmutzig gemacht hat. Jesus hat seine Jünger nicht gefragt:

»Wie habt ihr den Dreck an eure Füße bekommen?« Er wollte den Dreck entfernen, das war alles. Seine Liebe zu ihnen war bedingungslos. Wer ganz mit Jesus Christus lebt, muß die gleiche Liebeshaltung zu den Menschen mit schmutzigen Füßen haben. Wir sollen nicht nach den Einzelheiten fragen, sondern sagen: »Packen wir den Dreck an!«

Leider ist es nur zu oft anders. Viele Christen wollen eine perverse Neugierde befriedigen. Sie sagen: »Ich will dir die Füße waschen, aber sag mal – was hast du denn gemacht, daß die so schmutzig geworden sind?« Der andere beginnt zu erzählen, und nach ein paar Minuten merkt der sensationslüsterne Tröster: »Das ist ja noch schlimmer, als ich dachte. Das ist mir zu heiß, da laß ich die Finger von.« Ende seines bißchen Mitleids. Muß wohl ein hoffnungsloser Fall sein, der andere, besser nichts damit zu tun haben. Und man wirft sein Handtuch hin und geht.

Lieber Leser, Sie können keine Füße waschen, wenn Sie die Richterrobe tragen! Wie Jesus müssen Sie Ihr Obergewand ausziehen und sich mit Liebe gürten. Also fort mit aller Selbstgerechtigkeit, allem Stolz, allen Gedanken, wie tief Sie sich hier herablassen. Ihre Haltung muß sein: »Mir ist gleich, was du getan hast. Wenn du bußfertig bist und Gottes Wort hören willst, will ich dir in Güte begegnen!«

»Aber was, wenn der Schmutzige, den ich da vor mir habe, ein Judas ist – einer, der mich verraten hat?« Meine Antwort: Judas war dabei, als Jesus seinen Jüngern die Füße wusch; er wusch auch seine Füße. Christus kniete vor Judas nieder, um seinen Dreck abzuwaschen, obwohl der Teufel ihm bereits den Verrat ins Herz gegeben hatte.

Moderne Judasse können gerettet werden – durch das Kreuz. Wir meinen oft, daß bestimmte Arten von Sündern, zum Beispiel Homosexuelle und Lesben, hoffnungslose Fälle sind. Aber was sagt denn Paulus? »Habt ihr vergessen, daß für Menschen, die Unrecht tun, in Gottes Reich kein Platz sein wird? Darauf könnt ihr euch verlassen: Keiner, der unzüchtig lebt, keiner, dem irgend etwas wichtiger ist als Gott, kein Ehebrecher, kein Mensch, der sich von seinen Begierden treiben läßt und homosexuell verkehrt, wird einen Platz in Gottes Reich haben; auch kein Dieb, kein Ausbeuter, kein Trinker, kein Verleumder oder

Räuber. Und all das sind einige von euch gewesen. Aber jetzt sind eure Sünden abgewaschen. Durch Jesus Christus gehört ihr ganz zu Gott, und durch seinen Geist seid ihr freigesprochen« (1. Kor 6,9-11 Hfa).

All das sind einige von uns gewesen – aber dann hat Jesus unsere Füße gewaschen! Ich frage Sie: Wenn Jesus bereit ist, alle Sünder freizusprechen, warum sind wir nicht bereit, diesen Sündern die Füße zu waschen? Paulus ermahnt uns, mit allen Menschen sanftmütig und geduldig zu sein: »Ein Knecht des Herrn aber soll nicht streiten, sondern freundlich gegen jedermann, ein tüchtiger Lehrer und gelassen sein und die Widerstrebenden mit Sanftmut zurechtweisen, ob ihnen Gott nicht doch noch eine Sinnesänderung zur Erkenntnis der Wahrheit schenke, so daß sie wieder zur Besinnung kommen und sich aus der Schlinge des Teufels losmachen, von dem sie sich zur Ausrichtung seines Willens haben einfangen lassen« (2. Tim 2,24-26 Menge). Mit anderen Worten: »Ihr müßt zu jedem gütig sein, bereit, seine Füße zu waschen. Gott kann sich seiner noch erbarmen und ihn von seiner Sünde befreien!«

Unsere Gemeinde betet jetzt seit fast dreißig Wochen um eine Erweckung in New York City. Aber egal, wieviel eine Kirche betet – Gott wird ihr keine neuen Gläubigen schenken, wenn diese sich dort mit einem Haufen selbstgerechter, verurteilender Christen herumschlagen müssen. Jeder neue Christ wird schmutzige Füße bekommen, bevor er fest im Glauben wird, und dann braucht er Menschen, die bereit sind, ihm schnell die Füße zu waschen und ihn wieder zurechtzubringen. Wahre Erweckung hat diesen Geist der Güte – einen Geist, der bereit ist, das Handtuch zu nehmen und schmutzige Christen reinzuwaschen.

3. Zum Schluß das Wort »Einheit«

Ich glaube, mit der Fußwaschung gab Jesus seinen Jüngern eine tiefe Lektion darüber, wie man im Leib Christi zu Gemeinschaft und Einheit kommt. Als er zu Petrus kam, wollte der erst nicht: »Herr, solltest du mir die Füße waschen?« (Joh 13,6). *Du mir* die Füße waschen? Niemals! Jesus antwortete ihm: »Wenn ich dich nicht wasche, so hast du kein Teil an mir« (V. 8). Mit anderen Worten: »Petrus, wenn ich dir die Füße wasche, haben wir ein kostbares Fundament der Gemeinschaft, eine Basis für wahre Einheit.« Kein Pastor kann allein durch kluge Programme oder leidenschaftliche Pedigten erreichen, daß seine Gemeinde ein Herz und eine Seele wird. Nein – Einheit kommt aus dem Handtuch!

Als Jesus mit der Fußwaschung fertig war, fragte er seine Jünger: »Versteht ihr, was ich da gerade getan habe?« Hätten sie die geistliche Bedeutung seiner Tat verstanden – das Abwaschen der Sündenschuld –, sie wären zutiefst dankbar gewesen.

Darf ich Sie fragen: Was tat Jesus für Sie, als er Sie reinigte? Er wusch all Ihre Schuld ab, entfernte auch die letzten Sündenreste und machte Sie sauber und heil. Er goß tiefe Dankbarkeit und Freude in Ihr Herz. Er füllte Sie mit einer solchen Liebe zu ihm, daß Sie bereit waren, ihm überallhin zu folgen und alles für ihn zu tun. Sie sehnten sich nach Gemeinschaft mit ihm – weil er so viel für Sie getan hatte.

Lieber Leser, dies ist das Geheimnis der Einheit! Wenn Sie mit dem Handtuch der Barmherzigkeit zu einem gefallenen, verletzten Bruder kommen, richten Sie ihn auf, nehmen ihn in die Arme, waschen seine Wertlosigkeitsgefühle, seine Angst und Verzweiflung von ihm ab, umgeben ihn mit liebevoller Fürsorge. Und was tun Sie damit? Sie legen ein festes Fundament für wahre Einheit und herrliche Gemeinschaft. Sie werden eins mit ihm durch die Erfahrung, die Sie beide gemeinsam haben: daß Sie durch das Wasser des Wortes Gottes reingewaschen sind.

Dieser Mitchrist wird für den Rest Ihres Lebens Ihr dankbarer Freund sein. Er wird Sie verteidigen, Sie lieben, alles für Sie tun. Er wird Ihnen sagen: »Du hast zu mir gestanden, als es mir schlecht ging; ich werde nie zulassen, daß jemand dir etwas tut!«

Können Sie sich eine Gemeinde vorstellen, die voll von solchen Liebenden ist – von Menschen, die kein Klatschwort über den Dreck eines anderen hören wollen, die mit den Leidenden mitleiden, die mit Worten der Liebe und Hoffnung zu den verzweifelten, sündengeplagten Brüdern und Schwestern kommen? Deswegen sind wir nach New York City gezogen – um einen heiligen, gottesfürchtigen Rest aufzubauen, ein starkes, einiges Fundament von Tröstern, von Menschen mit einem Handtuch.

Vielleicht fragen Sie: »Aber wie finde ich denn die Menschen, die eine Fußwaschung brauchen?« Meine Antwort: Auf die gleiche Art, wie Sie sie fanden, als Sie über sie klatschten! Wenn Sie in Zukunft etwas Negatives über jemanden hören, dann fragen Sie einfach: »Über wen redet ihr da? Bitte nur den Namen!« Und dann nehmem Sie Ihr Barmherzigkeitshandtuch und gehen Sie zu dieser Person und fangen Sie an, ihr die Füße zu waschen. Sagen Sie ihr: »Du bist mir nicht egal. Ich will für dich beten. Die Einzelheiten brauche ich nicht zu wissen; es reicht, daß du weißt, daß ich dich nach wie vor liebe und daß ich zu dir stehe.«

Diese Predigt muß ich auch an mich selber richten. Mir ist erst vor kurzem so recht klar geworden, was der eigentliche Sinn der Fußwaschung ist, und mit Gottes Hilfe will ich, zusammen mit anderen, das Handtuch der Barmherzigkeit nehmen und zu denen gehen, deren Füße schmutzig sind und deren Seele schmerzt.

Jesus sagte: »Wenn nun ich, euer Herr und Meister, euch die Füße gewaschen habe, so sollt auch ihr euch untereinander die Füße waschen ... Wenn ihr dies wißt – selig seid ihr, wenn ihr's tut« (Joh 13,14.17).

Nun, wir wissen es jetzt. Ich frage Sie: Sind Sie bereit, es auch zu tun? Sind Sie bereit, in Liebe Ihr Handtuch zu nehmen?

Kapitel 11

Die Josefsgemeinde

Ist Ihre größte Prüfung Gottes Wort an Sie?

Ich kenne einen Theologen, der über hundert Punkte entdeckt hat, in denen Josef ein Vorbild auf Jesus Christus war. Aber so sehr ich auch glaube, daß Josef ein Vorbild auf Christus war, ich glaube, er war auch ein Vorbild auf den »Rest« der Endzeit – auf die Schar, die Gott zur Zeit beruft, um seiner Kirche zu zeigen, wie sie aus ihrer geistlichen Hungersnot herauskommen kann.

Lassen Sie mich Ihnen die Josefsgemeinde zeigen – eine kleine Schar von Gläubigen in der Endzeit, die ganz ihrem Herrn ergeben ist. Sie haben täglich Gemeinschaft mit Gott. Sie lassen sich in allen Einzelheiten ihres Lebens vom Heiligen Geist leiten. Und sie kommen in diesen Tagen aus großen Prüfungen und Versuchungen heraus an einen Ort der Offenbarung, der Weisheit und der Frucht. Gott arbeitet in ihnen, gibt ihnen seine Wahrheit und Erkenntnis. Und bald wird die Zeit kommen, wo er ihre Dienste gebraucht, wie einst bei Josef!

Die Gemeinde Jesu Christi wird heute immer weltlicher, sinnlicher, böser und kälter. Wir erhalten buchstäblich Tausende von Briefen von Pastoren und Laien, die unter dem Zustand ihrer Kirche leiden. Gemeindeglieder klagen darüber, daß sie keine aufrüttelnden, Herzen verändernden Predigten mehr hören; Pastoren klagen, daß so wenige die Wahrheit hören wollen.

Doch, ein paar »Leuchtergemeinden« gibt es in Amerika – Kirchen, die voll vom Licht und der Herrlichkeit und der Heiligkeit Gottes sind. Dort predigen vom Geist entflammte Pastoren Gottes Gerechtigkeit, dort wirkt Gott mächtig unter seinem Volk. Aber in der Durchschnittskirche herrscht weithin eine geistliche Hungersnot: seichte Predigten, verschlossene Hörer, »lebendige« Gottesdienstformen, hinter denen kein christlicher Alltagslebenswandel steht. Eine Laodizea-Blindheit hat sich wie ein Nebel über die Augen unzähliger gesenkt, die einst für Gott brannten.

Viele wahre Diener Gottes verlieren den Mut. Ein Pastor schrieb mir kürzlich:

> Zahlreiche gläubige Pastoren werden heute gekündigt oder aus ihren Kirchen hinausgedrängt. Ich habe zum Ende des letzten Jahres mein Pastorat niedergelegt. Nur zehn Meilen entfernt hat ein Kollege ebenfalls den Dienst quittiert. Sechzig Meilen entfernt hat ein dritter Pastor nach massivem Druck das Handtuch geworfen, und ein vierter wurde im Oktober von seiner Gemeinde in die Wüste geschickt.
>
> In unserer Gegend wachsen die Kirchen nicht durch Neubekehrungen, sondern durch christliche Nomaden, die wie in einem Supermarkt das beste Angebot suchen – das Drehtürprinzip halt … Sie können sich gerne selber anschauen, wie viele Diener Gottes besiegt, entmutigt, am Ende sind – und die sagen: »Amen, ja, komm, Herr Jesu!«

Was ist Gottes Lösung?

Gott ist immer schon lange vor den Dürrezeiten in seiner Kirche am Werk gewesen. Er hat im voraus schon einen Ausweg für seine Leute vorbereitet!

Jakobs Familienclan – insgesamt 75 Menschen – wäre in der Hungersnot, die damals durch die Welt ging, umgekommen (und mit ihm Israels Verheißung), hätte Gott nicht schon im voraus gehandelt. Etwa zwanzig Jahre bevor die Hungernsot kam, begann Gott schon seinen Plan zur Rettung seines Volkes: Er schickte Josef nach Ägypten. Zwanzig Jahre lang arbeitete Gott mit diesem Mann – sonderte ihn ab, prüfte ihn, bereitete ihn auf ein hohes Amt vor –, weil er ihn zum Retter seiner Erwählten bestimmt hatte. Fern von jedem Rampenlicht rüstete er Josef für den kommenden Tag des Chaos und des Todes zu.

Lieber Leser, so wie Gott damals Josef beiseite nahm, so hat er heute eine Josefsgemeinde, die vor allen Augen verborgen ist. Diese Menschen sind im Schmelzofen der Not, in Gefängnissen der Prüfung, auf Schlachtfeldern der Versuchung. Sie sind dabei, dieser Welt abzusterben, nichts mehr wissen zu wollen von ihrem Ruhm, ihrer Ehre, ihrem Geld und Vergnügen. Sie haben Hunger danach, Christus näherzukommen, sein Herz und seine Stimme kennenzulernen.

Sie mögen all die mysteriösen Prüfungen, Versuchungen und Nöte in Ihrem Leben nicht verstehen, aber wenn Sie Ihr ganzes Herz daransetzen, Christus nachzufolgen, dann dürfen Sie wissen, daß Gott bei dem allen ein Ziel hat: Er möchte Sie in seine Josefsgemeinde aufnehmen!

Es waren drei Dinge, die Josef zu so einem bewährten Diener machten. Auch Sie werden sie erfahren, wenn Sie zu dieser Gottesschar der Endzeit gehören:

1. Josef folgte dem Ruf des Geistes in ein heiliges, Gott hingegebenes Leben

Schon immer hat Gottes Geist die Menschen zu sich gerufen – hinein in Heiligung, Reinheit des Herzens und ein ihm gefälliges Leben. Leider antworten nur wenige auf diesen Ruf, aber in jeder Generation hat Gott einen kleinen »Rest« von Menschen, die sich ihm geöffnet haben. Sie sondern sich von der Welt ab, reinigen ihr Leben und geben sich völlig Gott hin.

Josef antwortete schon als sehr junger Mann auf Gottes Ruf. Er hatte zehn ältere Brüder, die den gleichen Ruf erhalten hatten, sich Gott zu ergeben, gerecht zu leben und ganz für ihn dazusein. Aber sie blieben lieber in der Welt, und ihr Wandel mit Gott war halbherzig.

Mindestens zweimal hatten alle Jakobssöhne klar und deutlich Gottes Ruf vernommen. Das erste Mal bei Sichem, wo

Jakob dem »Gott Israels« einen Altar baute (1. Mose 33,20) und seine Söhne aufrief, gemeinsam mit ihm dort niederzuknien und anzubeten und von ganzem Herzen dem Herrn zu folgen. Aber Josefs Brüder wählten lieber Rache und Blutvergießen. Als ein Sichemiter ihre Schwester Dina vergewaltigte, brannten sie die Stadt mit Mann und Maus nieder (siehe 1. Mose 34). Ihre Bluttat brachte Jakob in schlimmen Verruf unter den Bewohnern des Landes.

Doch Gott rief sie ein zweites Mal, diesmal in Bethel. Jakob wußte, daß seine Söhne im Götzendienst gefangen waren und Gottes Ruf zu Reinheit und Gerechtigkeit ablehnten, und er warnte sie: »Tut von euch die fremden Götter, die unter euch sind, und reinigt euch und wechselt eure Kleider, und laßt uns aufbrechen und nach Bethel ziehen, daß ich dort einen Altar errichte dem Gott, der mich erhört hat ...« (1. Mose 35,2-3).

Lieber Leser, dies ist einer der deutlichsten Rufe in Gottes Wort! Der mit »wechselt eure Kleider« übersetzte hebräische Ausdruck bedeutet eine moralische und geistliche Herzensreinigung. Und äußerlich gehorchten Jakobs Söhne: »Da gaben sie ihm alle fremden Götter, die in ihren Händen waren, und ihre Ohrringe ...« (V. 4). Aber ihre Buße ging nicht in die Tiefe, ihr Herz änderte sich nicht; sie gingen voll zurück in ihre Gesinnung der Auflehnung, des Neides und Hasses.

Doch Josef war anders; seine Buße war von Herzen gekommen. Er hatte dem Ruf des Geistes Gottes geantwortet, und so war er vom 17. Lebensjahr an ganz darauf aus, dem Herrn nachzufolgen. Inmitten einer bösen, gottlosen Umgebung behielt Josef saubere Hände und ein reines Herz.

Zusammen mit seinen Brüdern hütete Josef die Schafherden der Familie. Aber es ging ihm nach, daß seine Brüder so wie Heiden lebten und redeten. Die Gottlosigkeit in seiner Familie tat ihm im Herzen weh. Und er »brachte es vor ihren Vater, wenn etwas Schlechtes über sie geredet wurde« (1. Mose 37,2). Er schüttete seinem Vater sein Herz aus: »Du glaubst ja nicht, wie die leben, Vater. Sie sprechen gegen deinen und meinen Gott, sie betrüben ihn!«

Lieber Leser, dies ist ein Kennzeichen der Josefschristen: Sünde tut ihnen weh! Sie haben allen Götzen abgeschworen und lieben Jesus. Ihr Herz ist von seiner Heiligkeit entbrannt. Sie sehen die Sünde im Land, aber am meisten betrübt sie die Sünde in der Kirche. Sie schreien vom Grunde ihrer Seele: »O Vater – sieh, was da geschieht unter deinen Kindern!«

Wenn Sie zu dieser Schar der Endzeit gehören, können Sie kein Auge vor der Sünde zudrücken, sondern Sie müssen aufstehen und sagen: »Gott, ich ertrage es nicht, was sie da in deinem Namen tun!« Und Sie beginnen zu beten – nicht gegen Menschen, sondern gegen das Eindringen der Mächte der Finsternis in die Gemeinde Jesu Christi.

Josefs Vater schenkte ihm ein kostbares Gewand

Zieht unser himmlischer Vater manche seiner Kinder vor? Sagt die Bibel nicht, daß vor Gott kein Ansehen der Person ist? Nun, wenn es um die ewige Errettung und seine wunderbaren Bundeszusagen geht, behandelt Gott alle gleich. Aber er reagiert auch, wo Menschen von ganzem Herzen auf seinen Ruf eingehen. Diejenigen, die ihr Leben ganz ihm hingeben, haben seine besondere Gunst.

Hiob sagte: »Leben und Wohltat hast du an mir getan ...« (Hiob 10,12). Und David: »Denn du, HERR, segnest die Gerechten, du deckest sie mit Gnade wie mit einem Schilde« (Ps 5,13). »Denn, HERR, durch dein Wohlgefallen hattest du mich auf einen hohen Fels gestellt« (Ps 30,8). Die Schrift berichtet uns auch: »Aber der Knabe Samuel nahm immer mehr zu an Alter und Gunst bei dem HERRN und bei den Menschen« (1. Sam 2,26).

Tatsache ist: Unser himmlischer Vater hat ein Ehrenkleid bereit für die, die ihn suchen und ihm ganz ihr Herz hingeben: »Ich freue mich im HERRN, und meine Seele ist fröhlich in meinem Gott; denn er hat mir die Kleider des Heils angezogen und mich mit dem Mantel der Gerechtigkeit gekleidet ...« (Jes 61,10).

Josef antwortete mit völliger Hingabe auf den Ruf des Geistes – und erhielt die Gunst seines Vaters, der ihm ein Gewand schenkte, das ihn von den anderen abhob. Aber dieses Geschenk war teuer; es kostete ihn die Beziehung zu seinen Brüdern, es brachte ihm Ablehnung, Mißverständnis, Spott. Seine Brüder »wurden ihm feind« (Elbf.: »haßten ihn«) (1. Mose 37,4).

Woher diese Feindseligkeit? Der Schlüssel ist in V. 11: »Und seine Brüder wurden neidisch auf ihn.« Sie begriffen, daß Josefs Gewand Rechtschaffenheit und Gunst bedeutete. Es erinnerte sie an den Geistesruf, dem sie sich verschlossen hatten. Josef war eine wandelnde Verurteilung ihres halbherzigen Lebensstils!

Die Gespräche der Josefsbrüder drehten sich um die neuesten Nachrichten und um sie selber. Sie hatten Land und Besitztümer und ihre Zukunft im Kopf. Josefs Herz war woanders. Er sprach von den Dingen Gottes. Gott gab ihm Träume, was damals gleichbedeutend damit war, daß man die Stimme Gottes hörte. Josef war aus anderem Holz geschnitzt, und dieser Unterschied erregte den Haß und Neid seiner Brüder.

Lieber Leser, das gleiche wird Ihnen geschehen, wenn Sie ganze Sache mit Jesus machen! Die lauwarmen Gläubigen in Ihrer Umgebung wollen über ihr Auto, ihr Haus, ihren Beruf reden, während Sie lieber darüber reden, was Gott Ihnen sagt. Schon bald werden Sie ein Stachel werden für diese Halbherzigen. Sie werden neidisch auf Sie, weil Sie für den Ruf des Heiligen Geistes stehen, den sie selber abgelehnt haben.

Wer zur Josefsgemeinde gehört, der weiß, was es heißt, abgelehnt zu werden, als Fanatiker, als Spinner, als jemand, der alles übertreiben muß, bezeichnet zu werden. Selbst Pastoren verspotten solche Christen. »Der will was Besseres sein«, sagen sie ihren Gemeinden. »Das ist geistlicher Hochmut, solchen Fanatismus erwartet Gott nicht von uns!«

2. Josefs größte Prüfung war das Wort Gottes, das er so liebte und dem er glaubte

»Er sandte einen Mann vor ihnen hin; Josef wurde als Knecht verkauft. Sie zwangen seine Füße in Fesseln, sein Leib mußte in Eisen liegen, bis sein Wort eintraf und die Rede des HERRN ihm recht gab« (Ps 105,17-19). Josef mußte durch viele Nöte und Prüfungen hindurch – aber die größte war das Wort, das er von Gott bekommen hatte.

Schauen wir uns an, was Josef alles durchmachte: Mit ganzen 17 Jahren wird er von seinen Brüdern überfallen und zum Verhungern in eine Grube geworfen. Seine flehentlichen Bitten um Gnade beantworten die Brüder mit Hohnlachen. Sie verkaufen ihn an eine Karawane, die ihn auf einem ägyptischen Sklavenmarkt als menschliche Ware verkauft. Aber Josefs größte Prüfung waren nicht seine Brüder, es war auch nicht die entwürdigende Erfahrung, zum Sklaven gemacht und ins Gefängnis geworfen zu werden, sondern es war der Widerspruch zwischen all diesem und dem klaren Wort, das er von Gott bekommen hatte.

Gott hatte Josef durch seine Träume gezeigt, daß er große Macht bekommen und diese zu Gottes Ehre einsetzen würde. Seine Brüder, ja Sonne, Mond und Sterne würden sich vor ihm verneigen! Er würde für viele Menschen ein großer Erlöser werden.

Ich glaube nicht, daß Josef hier auf dem großen Ego-Trip war. Sein Herz war so sehr auf Gott ausgerichtet, daß ihn Gottes Verheißung eher demütig machte: »Herr, du hast deine Hand auf mich gelegt, um mich in deinem großen, ewigen Plan zu gebrauchen. O Herr – womit habe ich das verdient?« Das bloße Wissen darum, daß Gott ihn als Werkzeug benutzen wollte, war ihm Seligkeit.

Aber jetzt waren seine Lebensumstände so ganz anders: *Josef* war der Diener, *er* mußte sich verneigen! Wie sollte er ein mächtiger Erretter für viele werden, wenn er selber ein Sklave war? Er muß gedacht haben: »Das paßt doch nicht zusammen! Wie kann Gott mich hier ins Gefängnis führen, wo ich ein Niemand bin? Er sagte doch, daß er mich segnen wollte!«

Zehn Jahre lang diente Josef treu in Potifars Haus, nur um verleumdet und ins Gefängnis geworfen zu werden. Sein Sieg über die Versuchungsschliche der Frau des Potifar brachte ihn hinter Gitter. Bestimmt haben sie ihn damals geplagt, die Zweifel und Fragen: »Hab ich Gott damals richtig verstanden? Oder hab ich mir die Träume in meinem Stolz eingebildet? Haben meine Brüder vielleicht nicht doch recht gehabt, daß ich es übertreibe mit Gottes Wort? Vielleicht ist das hier eine Strafe für meine Selbstsucht?«

Lieber Leser, es hat auch in meinem Leben Zeiten gegeben, wo Gott mir zeigte, was er für mich wollte in meinem Dienst für ihn, aber wo meine äußere Lage das genaue Gegenteil dieser Verheißung war und wo ich schließlich dachte: »Gott, das kann nicht von dir kommen, das ist mein eigenes Fleisch.« Gottes

Wort an mich wurde mir zum Stolperstein. Und hier sind noch zwei Beispiele:

- Ich kenne einen lieben Pastor, der die biblischen Aussagen über Krankenheilung fest glaubt, aber dessen Frau seit fünf Jahren an einer seltenen Krankheit dahinsiecht. In der Kirche betet er für die Kranken, und wenn er dann nach Hause kommt, muß er seine Frau füttern, anziehen und baden. Er glaubt, daß Gott sie heilen wird, aber jeden Tag wird sie weniger. Aus diesem Mann strahlt die Gnade und Geduld Christi. Er ist einer der liebevollsten Gottesmänner, die ich je kennengelernt habe, und die Liebe, die er seiner Frau erzeigt, beginnt seinen Dienst in seiner Gemeinde zu prägen.
- Vor über einem Jahr schrieb mir eine liebe Schwester, daß sie beschlossen hatte, endlich ganz mit Jesus zu gehen. Und Gott begann, Christus in ihr zu offenbaren – doch kurz darauf entdeckte sie, daß ihr Mann seine Abende in Bars und Bordellen verbrachte. Sie war schließlich gezwungen, auszuziehen und zu arbeiten, um ihre drei Kinder durchzubringen. Je mehr sie sich Christus hingab, um so mehr wandte ihr Mann sich von Gott ab. Warum? Sie konnte es nicht begreifen. Aber ich spürte aus ihrem Brief eine große, himmlische Kraft heraus. Auch ihr ist das Wort Gottes zur Anfechtung geworden. Gott hat ihr seine Verheißungen gegeben – und ihre äußere Lage ist das genaue Gegenteil!

Doch mitten in Anfechtung und Not segnet Gott seine Josefsgemeinde!

Gott segnete Josef, als er Potifars Haussklave war. Er segnete ihn auch, als er im Gefängnis landete. Wie segnete er ihn? Nicht durch Geld und Gut, sondern innerlich; er sprach zu Josefs Herz, er gab ihm neue Träume und ihre Deutungen.

Das war es, was Josef nicht aufgeben ließ. Er vertraute darauf, daß, wie groß und übermächtig die Not auch war, Gott nach wie vor bei ihm war. Es gab keinen Augenblick, wo Josef nicht Gottes Gegenwart spürte, und diese beständige Gegenwart machte seine Seele still.

Ich glaube, Gott hat sich danach gesehnt, Josef das Ende der Geschichte zu verraten – ihm zuzuflüstern: »Keine Angst, Josef;

schau her, so wird es enden ...« Aber er tat es nicht; Josef war noch in der Schule!

Josef wußte ja nicht, daß er eines Tages die »höchsten Beamten« des Pharaos »Weisheit lehren« würde (Ps 105,22 Menge). Aber wie sollte er die Mächtigen in Ägypten Gottes Weisheit lehren, wenn er sie nicht zuvor selber gelernt hatte? Gottes Kinder lernen solche Lektionen nur durch den Glauben. Wir bekommen Gottes Weisheit durch Prüfungen, Nöte, Strapazen und Anfechtungen. Wir beten sie nicht vom Himmel herab, wir müssen sie erleben!

Wenn Sie zu Gottes Josefsgemeinde der Endzeit gehören, dann lernen Sie es durch Prüfungen, auf ihn zu vertrauen. Sie lernen, sich auf ihn zu verlassen, ohne zu murren, und ganz in ihm zu ruhen. Es kann sein, daß Sie die verworrenen Wege, die Gott Sie führt, nicht verstehen und daß alles um Sie herum das genaue Gegenteil von dem zu sein scheint, was Gott Ihnen zugesagt hat. Aber Sie lernen, daß in allen Dingen Christus Ihre Kraft ist. Gott schult Sie für den Tag, wo er Sie rufen wird!

3. Der Tag kam, an dem die Rätsel sich auflösten und Gott sein Wort genauestens erfüllte

Es muß wohl in Josefs dunkelster Stunde geschehen sein – als er einsam und verlassen war, bereit, seine Träume aufzugeben, unsicher, ob Gott ihn wirklich noch wollte. Plötzlich ein Ruf, von einem der königlichen Wächter: »Josef, mach dich fertig, der Pharao ruft dich!«

Ich glaube, in diesem Augenblick ist Gottes Geist mit Macht auf Josef gekommen. Sein Herz machte einen Satz: Jetzt, ja jetzt würde er bald wissen, wie alles zusammenhing! Als Josef sich rasierte und kämmte, da dachte er: »Dies ist der Beginn von Gottes Verheißung. Jetzt weiß ich es, daß das doch von ihm kam, daß der Teufel doch nicht mächtiger ist, daß mein Leben nicht sinnlos gewesen ist. Gott hat alles gelenkt, die ganze Zeit schon!«

Kurz danach steht Josef vor dem Pharao, der ihm seinen Traum erzählt. Und er gibt ihm die Deutung des Traums und sagt ihm, daß er in den sieben guten Jahren die Getreidespeicher füllen muß, um in den sieben mageren Jahren Brot zu haben. »Du mußt jemanden über diese Speicher setzen, jemanden, der das Zeug hat, das alles in die Hand zu nehmen!« (vgl. 1. Mose 41). Und der Pharao blickt um sich, und dann sieht er Josef an: »Josef, du bist der Mann! Ich ernenne dich zum Vizekönig über Ägypten. Nur ich werde noch mehr Macht haben als du. Du wirst die Rettungsaktion leiten!«

Wie schnell die Lage sich geändert hatte! Innerhalb einer Stunde ist Josef aus dem Gefängnis zum zweitmächtigsten Mann Ägyptens aufgestiegen. Er fährt in dem königlichen Wagen durch die Straßen, die Menschen verneigen sich vor ihm – und plötzlich merkt er es: Sein Traum wird wahr!

Ich sehe ihn vor mir, wie er in tiefe, freudige Gedanken versunken auf dem Wagen sitzt. Bestimmt hat er alle bösen Stunden der letzten zwanzig Jahre vor seinem inneren Auge Revue passieren lassen – den Haß seiner Brüder, den Verkauf in die Sklaverei, jede Prüfung und Anfechtung.

Aber jetzt strömte eine gewaltige Freude in sein Herz. Das Knäuel entwirrte sich: »Jetzt sehe ich es. Es kommt eine Hungersnot, und Gott will meinen Vater und meine Brüder retten und hat mich dazu vorausgeschickt. Das war die ganze Zeit schon sein Plan!«

Es kam der Tag, an dem Josef vor seinen Brüdern stand und sagen konnte: »Ihr gedachtet es böse mit mir zu machen, aber Gott gedachte es gut zu machen, um zu tun, was jetzt am Tage ist, nämlich am Leben zu erhalten ein großes Volk« (1. Mose 50,20). »Aber Gott hat mich vor euch hergesandt, daß er euch übriglasse auf Erden und euer Leben erhalte zu einer großen Errettung. Und nun, ihr habt mich nicht hergesandt, sondern Gott; der hat mich dem Pharao zum Vater gesetzt und zum Herrn über sein ganzes Haus und zum Herrscher über ganz Ägyptenland« (1. Mose 45,7-8). Josef sagte: »Gott hat die Fäden in der Hand gehabt, Schritt um Schritt. Alles Böse, das der Teufel über mich brachte – selbst das, was ihr mit mir vorhattet –, hat Gott zum Guten gewendet und in seinen ewigen Plan eingebaut.«

Lieber Leser, wenn Sie ein Josefschrist sind, werden Sie Ihre gegenwärtigen heftigen Prüfungen schon bald verstehen. Gott wird Sie in die Verheißung hineinführen, die er Ihnen gab. Plötzlich werden die Fäden sich entwirren, und Sie werden sehen, daß er Sie ja nie verlassen hatte. Er mußte Sie diesen Weg führen, denn er war dabei, Sie zu trainieren, Sie vorzubereiten,

Sie zu lehren, ihm in allem zu vertrauen. Er will Sie gebrauchen – und jetzt ist der Augenblick da!

Die Evangelisten der letzten Tage werden nicht auf der Kanzel stehen, sondern in der Gemeinde sein – unauffällig, aber von Gott gebraucht

Es wird bald eine geistliche Hungersnot kommen, wie die Welt sie noch nicht gesehen hat. Überall werden Menschen innerlich verhungern. Aber es werden Menschen da sein, die diese Zerbrochenen und Verhungernden einzeln an die Hand nehmen und ihnen sagen: »Komm mit – ich kenne jemanden, der von Jesus erfüllt ist. Er ist geprüft worden, er ist durch das Feuer gegangen, er ist voll vom Heiligen Geist. Er hat ein Wort der Errettung für dich!«

Lieber Leser, dies beginnt bereits zu geschehen. Ich kenne etliche dieser Josefschristen persönlich, denn ich habe mit ihnen gesprochen. Es sind Menschen, die den Hungernden das Brot des Lebens zu geben vermögen, weil sie die Schlüssel zu Gottes Vorratsspeicher haben. Sie kennen die Wege des Herrn, weil sie durch alle ihre Prüfungen hindurch an Gott festgehalten haben. Etwas Mächtiges offenbart sich in ihnen: ein Herz, das voll davon überzeugt ist, daß Gott Gebet erhört!

Wie reagieren Sie auf Gottes geheimnisvolle Wege mit Ihnen? Sind Sie gewiß, daß er in allem am Werk ist und seine Verheißungen an Sie erfüllt? Können Sie sagen: »Ich weiß, daß Jesus bei mir ist und meiner Seele guttut, und das genügt mir«?

Harren Sie aus! Haben Sie keine Angst, denn Sie sind in Christi Schule, es ist alles unter seinem Regiment. Plötzlich wird sie kommen, die Stunde, wo der Kampf zu Ende ist und der Sieg wirklich wird. Sie werden als Gefäß zu Gottes Ehre aus dem Feuer der Prüfung herauskommen – um als Glied der Josefsgemeinde seinen Willen zu tun.

KAPITEL 12

WIE GEDULDIG SIND WIR?

Wer zum »guten Land« gehört

Vor kurzem öffnete mir der Herr die Augen für eine unglaubliche Wahrheit über die Geduld – etwas, das ich noch nie gesehen hatte. Es steht in Jesu Auslegung des Gleichnisses vom Sämann:

> Das Gleichnis aber bedeutet dies: Der Same ist das Wort Gottes. Die aber auf dem Weg, das sind die, die es hören; danach kommt der Teufel und nimmt das Wort aus ihrem Herzen, damit sie nicht glauben und selig werden. Die aber auf dem Fels sind die: wenn sie es hören, nehmen sie das Wort mit Freuden an. Doch sie haben keine Wurzel; eine Zeitlang glauben sie, und zu der Zeit der Anfechtung fallen sie ab. Was aber unter die Dornen fiel, sind die, die es hören und gehen hin und ersticken unter den Sorgen, dem Reichtum und den Freuden des Lebens und bringen keine Frucht. Das aber auf dem guten Land sind die, die das Wort hören und behalten in einem feinen, guten Herzen und bringen Frucht in Geduld (Lk 8,11-15).

Dieses ist ein Gleichnis über die Geduld! Nein, nicht Geduld mit Menschen, sondern Geduld mit Gott. Jesus spricht hier von der Geduld in unserem Leben mit Gott, in unserem Dienst für ihn und in seinem Handeln in uns. Ich glaube, sobald Sie sehen, was Gott hier sagt, werden Sie besser verstehen, warum so viele Christen lau werden und abfallen – und wie Gott in Ihrem eigenen Herzen wirkt.

Das »gute Land« sind die Menschen, die Gottes Wort hören und schließlich »in Geduld« Frucht bringen. Die übrigen Hörer bringen zum Teil auch Frucht – aber nur eine Zeitlang. Warum? Weil sie ungeduldig werden gegenüber Gott und seinem Wirken in ihrem Leben und schließlich abfallen.

Es ist mein Gebet, daß Sie, wenn wir jetzt dieses Gleichnis durchgehen, diese verschiedenen Hörer in einem neuen Licht sehen. Ich glaube, daß der Herr Ihnen hier etwas Neues sagen will.

1. Zunächst die Hörer »auf dem Weg«

»Die aber auf dem Weg, das sind die, die es hören ...« (Lk 8,12). Diese Hörer haben das Wort Gottes ins Herz gepflanzt bekommen. Sie haben es so gehört wie jeder andere interessierte Hörer: Sie haben es sich aufmerksam angehört und nicht beiseite geschoben. Es sind keine Spötter, sie haben Respekt vor dem Wort.

Doch dann sagt Jesus: »... danach kommt der Teufel und nimmt das Wort aus ihrem Herzen, damit sie nicht glauben und selig werden« (V. 12). Dieser Satz hat mir lange Kopfzerbrechen bereitet. Sollte ich also glauben, daß ich einer Gemeinde predigen, die Mächte der Hölle austreiben, dem Teufel befehlen kann zu verschwinden – und daß der Satan im nächsten Augenblick antanzen und einem Menschen das Wort wegnehmen kann, das er gerade gehört hat? Kann der Feind hinter dem Gläubigen auf der Lauer liegen, um ihm das Wort Gottes, das gerade in sein Herz hineinfällt, zu stehlen?

Eine solche Deutung scheint mir das Wort Gottes geradewegs dem Teufel in den Rachen zu werfen. Ich glaube, wir müssen fragen: Ist dieser Hörer »auf dem Weg« jemand, der in kindlicher Offenheit Gottes Wort hört? Ist es wirklich wahr, daß der Teufel wie ein Raubvogel auf ihn herabstoßen, ihm das Wort entreißen und ihn geistlich blind machen kann? Nein, niemals! Das ist nicht der Gott, dem wir dienen, das Evangelium, das wir predigen. Jesus meint hier etwas viel Tieferes.

Der Hörer auf dem Weg hat ein Herz, das »zertreten« ist: »Es ging ein Sämann aus, zu säen seinen Samen. Und indem er säte, fiel einiges auf den Weg und wurde zertreten, und die Vögel unter dem Himmel fraßen's auf« (V. 5). Hier ist unser Schlüssel: Jesus beschreibt das Herz des Hörers auf dem Weg, und er beschreibt es als »zertreten«. Mit anderen Worten: Diese Art Hörer hat das Wort schon oft »gehört«. Er ist sozusagen ein Profihörer, und die Jahre des Hörens, ohne Konsequenzen daraus zu ziehen, haben sein Herz so festgetreten wie einen vielbegangenen Fußweg.

Eine genauere Beschreibung dieses Hörers gibt uns Jesaja 5, wo der Prophet einem verstockten Israel ankündigt, daß Gott es in einen »zertretenen« Weinberg verwandeln wird: »Wohlan, ich will euch zeigen, was ich mit meinem Weinberg tun will! Sein Zaun soll weggenommen werden, daß er verwüstet werde, und seine Mauer soll eingerissen werden, daß er zertreten werde. Ich will ihn wüst liegen lassen ...« (Jes 5,5-6).

In der Einleitung zum Gleichnis vom Sämann zitiert Jesus aus dem nächsten Kapitel des Propheten Jesaja: »Euch ist's gegeben, die Geheimnisse des Reiches Gottes zu verstehen, den andern aber in Gleichnissen, damit sie es nicht sehen, auch wenn sie es sehen, und nicht verstehen, auch wenn sie es hören« (Lk 8,10). Gott hatte Jesaja bei seiner Berufung angewiesen: »Geh hin und sprich zu diesem Volk: Höret und verstehet's nicht; sehet und merket's nicht! Verstocke das Herz dieses Volks und laß ihre Ohren taub sein und ihre Augen blind, daß sie nicht sehen mit ihren Augen noch hören mit ihren Ohren noch verstehen mit ihrem Herzen und sich nicht bekehren und genesen« (Jes 6,9-10). Jesaja beschreibt hier genau den Zustand des Hörers »auf dem Weg«!

Das Herz des Hörers auf dem Weg ist festgetreten, weil er das Wort so oft abgelehnt hat

Im griechischen Urtext benutzt der Evangelist Lukas für »zertreten« ein Wort, das soviel wie »verächtliche und überhebliche Ablehnung« bedeutet. Der Hörer auf dem Weg hat den Ruf des Wortes so oft und so lange gehört, daß seine Seele eine Hornhaut bekommen hat. Er zuckt zynisch die Schultern über das Evangelium, ihn kann nichts mehr erschüttern.

Ich denke da an einen jungen Juden, der in unseren ersten beiden Jahren in New York in unsere Gemeinde kam. Er hatte kein Zuhause, und die Gemeinde nahm ihn auf. Fast jeder erzählte ihm das Evangelium. Liebe Menschen gaben ihm Geld und luden ihn zum Essen ein. Sie erklärten ihm haarklein, was es mit Jesus auf sich hatte. Mindestens zweimal kam dieser junge Mann auf den Bekehrungsruf am Ende der Predigt nach vorne zum Altar; beide Male stand er mit gefalteten Händen da – und grinste wie der Teufel. Von der Kanzel aus konnte ich immer sehen, wie er die Predigten auf der Empore verschlief. Ich betete, daß wenigstens eine Predigt die festgetretene Kruste auf seinem Herzen aufbrechen würde, aber das geschah nie. Sein Verhalten wurde schließlich so häßlich und störend, daß wir ihm die Kirche verbieten mußten. Er war vollends verhärtet geworden – ein Mensch mit zertretenem Herzen. Kein Mensch in New York hatte mehr vom Evangelium gehört, keiner hatte so viel Liebe empfangen, für keinen war mehr gebetet worden. Aber er verstockte sein Herz und verschloß seine Ohren.

Lieber Leser, das ist der Augenblick des Satans! Wenn das Herz verhärtet ist, dann stößt er herab und nimmt das Samenkorn weg, bevor sich vielleicht doch noch ein winziger Riß in der harten Kruste öffnet. Nein, der Teufel hat *nicht* automatisch Zugang zu jedem Herzen, das das Evangelium hört; er stiehlt es von denen, die vom Wort getroffen worden sind – und achselzuckend darüber hinweggehen.

Der »zertretene« Hörer ist der ungeduldigste von allen Menschen. Er will sich nicht mit seinen Problemen auseinandersetzen; er ertränkt sie lieber in Vergnügungen – Alkohol, Drogen, Sex, was auch immer –, um die Schreie seines schlechten Gewissens zu ersticken. Man sagt ihm, daß auf den Christen einst der Himmel wartet – aber er will ihn jetzt sofort haben. Er will glücklich werden; Probleme, Selbstverleugnung, Nöte sind nicht erwünscht. »Mein Kreuz auf mich nehmen? Leiden? Keinen eigenen Willen mehr haben? Eine halbe Ewigkeit warten, bis Gott mich verändert? Ihr spinnt wohl!«

Unzählige Amerikaner wollen über Nacht das große Glück machen. Dies war die Motivation von Ivan Boesky, Michael

Milken und so vielen anderen gierigen Wall-Street-Leuten. Sie alle glaubten, daß die Wirtschaft vor dem Kollaps stand, und versuchten, die schnelle Mark zu machen und auf Schweizer Bankkonten zu verstecken.

Wie traurig, daß dieser gleiche Geist heute auch in die Kirchen einsickert. Viele Christen haben nicht die Geduld, Prüfungen zu ertragen. Sie haben keine Zeit, auf Gott zu warten, Frucht zu bringen »in Geduld«, wie Jesus es in Lk 8,15 ausdrückt. Sie wollen ein volles, gesegnetes, sorgenfreies Wohlstandsleben, ohne Warten, ohne Vorbereitung, ohne sich ändern zu müssen. Und leider gibt es Prediger, die ihnen nach dem Mund reden.

Diese Christen hassen es, wenn man Gehorsam, Absonderung, Heiligung und Buße predigt; »Weltuntergangspredigten« nennen sie das. Warum diese Ablehnung? Weil sie verhärtet sind von der »Ich will alles, und zwar jetzt«-Masche. Sie wollen Unterhaltung und Segen nonstop; der Gottesdienst soll happy sein und sie ja nicht verändern. Sie wollen nicht, daß der Heilige Geist sie anrührt, unter ihre Haut geht, geduldig sein Werk des Glaubens tut; lieber gehen sie in einen charismatischen Zirkus!

2. Als nächstes der Hörer »ohne Wurzel«

»… wenn sie es hören, nehmen sie das Wort mit Freuden an. Doch sie haben keine Wurzel; eine Zeitlang glauben sie, und zu der Zeit der Anfechtung fallen sie ab« (Lk 8,13).

Diese Hörer sind die freudigsten Neubekehrten, die man sich vorstellen kann. Sie sind glücklich, sie strahlen vor Freude. Sie bezeugen das Wirken Christi in ihrem Leben. Ihre Bekehrung ist echt, und sie wollen mit Jesus gehen – von seinem Wort getroffen, bußfertig, in seiner Freude lebend.

Aber ich möchte jeden Neubekehrten, der dieses Kapitel liest, bitten, genau aufzupassen: Wenn Sie je wieder von Jesus abfallen, dann, weil Sie zu dieser Kategorie der »wurzellosen Hörer« gehören!

Sie sind erlöst, Sie haben Gottes Frieden, Sie preisen den Herrn. Sie singen, Sie beten an, Sie freuen sich. Aber da ist ein Problem: Sie kämpfen noch mit einer mächtigen Versuchung! Sie ist wie eine zischende Schlange, die darauf wartet, ihre Giftzähne in Sie zu schlagen. Sie hassen diese hartnäckige

Sünde, die früher Ihr Leben im Griff hatte, und Sie liegen auf den Knien und schreien: »O Jesus, mach mich frei! Ich will nicht, daß diese alte Lust mich treibt! Ich will frei und rein sein! Hilf mir, sie zieht an meinem Herzen!«

Jesus sagt über die wurzellosen Hörer: »... zu der Zeit der Anfechtung fallen sie ab.« Warum? Nicht, weil die Anfechtung – etwa Drogen, Sex oder Alkohol – so unwiderstehlich wäre, daß sie sie glatt fortreißt, sondern weil sie ungeduldig mit Gott sind. Wie war das denn, als Sie das letzte Mal einer Anfechtung erlagen? Sie waren wütend, daß Gott ihre Gebete nicht erhörte! Sie glaubten nicht, daß er sein Versprechen, Sie zu bewahren und zu erretten, halten würde. Sie fielen, weil Sie keine Geduld hatten.

Eine Frau in unserer Gemeinde hat eine Schwester, die in die Drogensucht zurückgefallen ist. Sie ist im Würgegriff ihrer Sucht, aber sie ist wie eine Evangelistin; jedem Neubekehrten, der mit der Ungeduld kämpft, sagt sie: »Bleibe in der Gemeinde, bleibe beim Herrn! Guck dir an, wo ich hingekommen bin. Es ist ja so schwer, wieder zurückzufinden!« Wenn Sie sie fragen würden, würde sie Ihnen wahrscheinlich sagen: »Ich hab gebetet, aber die Versuchung war stärker. Mein Pastor sagte mir, daß Jesus mein Erlöser ist und daß er mich vor der Macht der Sünde bewahren würde. Ich hab gebetet, geweint, geheult, aber es ist nichts passiert.« Nein! Ihre Sünde war die Ungeduld!

Wie schreit der wurzellose Hörer zu Gott, wenn er in Versuchung kommt: »Gott, mach mich frei! Nimm meine alten Sünden und Begierden weg! Wann machst du mich endlich frei, daß ich nie mehr Angst zu haben brauche?« Aber kaum kommt die nächste Versuchung, fällt der Hörer wieder – weil er nicht genug Geduld hat, Wurzeln zu schlagen.

Sehen Sie, es reicht nicht aus, einfach »ja« zu Gott zu sagen. Wir müssen Wurzeln schlagen in ihm, und das braucht Geduld. Man kann nicht einfach ein Samenkorn in die Erde legen und sich dann darüber stellen und ihm befehlen, gefälligst sofort Wurzeln zu bilden, sondern dies ist ein natürlicher Prozeß, der seine Zeit braucht und der ganz in Gottes Hand liegt.

Aber als junger Gläubiger überraschte es Sie jedesmal, wenn Sie in Sünde fielen. Sie griffen dann sofort zur Selbstverurteilung, und als Sie wiederholt versagten, sagten Sie sich, daß es wohl keinen Zweck hatte. Und der Teufel flüsterte Ihnen zu: »Du taugst nicht, du bist zu böse, du schaffst das nie, gib's auf!« Aber Sie hatten vergessen, daß Gott ein barmherziger Richter ist. Er wußte doch genau, daß Sie noch keine Zeit gehabt hatten, Wurzeln zu schlagen. Das war ja der Grund für Ihr Versagen: Sie hatten noch keine Wurzeln!

Dies mag Ihnen wie eine billige Entschuldigung klingen, aber es erklärt völlig korrekt, was in unserem Wandel mit dem Herrn passiert. Und die Lösung lautet: Geh zurück, bete, grab dich ein, bitte Gott um Wurzeln! Und um Geduld, bis sie kommen.

Aber was ist denn, wenn ein reifer, fest verwurzelter Christ trotzdem in Sünde fällt? Sie kennen vielleicht Menschen, die seit Jahr und Tag Christen sind und tiefe Wurzeln zu haben schienen – und trotzdem tief gefallen sind. Die Bibel sagt: »... ihre Wurzel verdorrt; sie bringen keine Frucht« (Hos 9,16 Schlachter). Solche Gläubigen sind nicht nah genug bei Jesus geblieben. Sie haben einmal Wurzeln geschlagen, aber sind dann von Jesus abgekommen und ihre Wurzeln sind vertrocknet. Der Wind der Irrlehre hat sie fortgeblasen, weil sie ihre Wurzeln vertrocknen ließen.

Gott prüft uns, um zu sehen, ob wir geduldig auf seine Erlösung warten

Gott weiß, daß unsere Ungeduld total destruktiv ist. Wie bei Israel am Sinai, als Mose auf dem Berg war und Gott dort lange mit ihm redete. Was geschah unten? Das Volk verlor die Geduld. Nach vierzig Tagen gab es sich einer Orgie des Vergnügens und der Trunkenheit hin, ja es schmolz all sein Gold zu einem goldenen Kalb. Ich sehe sie vor mir, die Israeliten, wie sie riefen: »Wo bleibt Mose? Wo ist unser Gott, unsere Hilfe? Was soll das für eine Erlösung sein? Gott hat uns hereingelegt, er hat uns gerettet, damit er uns in dieser Wüste im Stich lassen kann. Los, jetzt helfen wir uns selber!«

Doch zur gleichen Stunde war Mose dabei, vom Berg herunterzusteigen, mit Gottes Wort in seinen Händen. Gott ist immer unterwegs, er ist immer vor unserer Tür!

Oder nehmem wir König Saul. Samuel hatte ihn angewiesen, bei Gilgal auf ihn zu warten, bevor er die Philister angriff. Erst wenn Samuel zurückgekommen war und Gott geopfert hatte, durfte er in den Kampf ziehen. Samuel hatte gesagt: »Es kann sechs, sieben, vielleicht auch acht Tage dauern, aber ich komme bestimmt.«

Saul versammelte also seine Armee bei Gilgal. Aber nach fünf Tagen wurden die Israeliten ungeduldig. Die Philister hatten ihre Positionen ausgebaut, und Saul begannen links und rechts die Kämpfer wegzulaufen. Bald blieben ihm nur noch eine Handvoll. Am siebten Tag war seine Geduld zu Ende: »Wo ist der Prophet? Wo ist das Brandopfer? Wir brauchen es, jetzt sofort!«

Was Saul nicht wußte, war, daß Gott Samuel aufgehalten hatte – weil er wissen wollte, wie es in Sauls Herz aussah. Er wollte wissen, ob Saul auch dann an seinem Glauben festhielt, wenn alles dunkel aussah – ob er sagen würde: »Ich vertraue auf Gott, und wenn ich sterben muß! Ich verlasse mich auf sein Wort an mich!«

Doch statt dessen nahm Saul die Sache in seine eigene Hand. Er sagte: »Bringt mir das Opfertier«, und dann legte er es auf den Altar und opferte es selber (was gegen Israels Gesetz war!). Die Bibel fährt fort: »Als er aber das Brandopfer vollendet hatte, siehe, da kam Samuel« (1. Sam 13,10). Da kam sie, die Errettung für Saul. Aber er hatte seiner Ungeduld schon nachgegeben und war nicht bereit gewesen, ganz auf Gottes Wort zu setzen. Die Antwort war die ganze Zeit vor seiner Tür gewesen – aber er verlor alles!

Vielleicht ist das auch bei Ihnen so: Ihre Errettung stand kurz bevor, aber Sie fielen, weil Sie nicht noch ein kleines bißchen länger warten konnten. Sie verloren den Mut und gaben sich zu schnell geschlagen.

David ist ein weiterer Mann, der des Wartens überdrüssig wurde. Er bekennt in Ps 31,23: »Entsetzt hatte ich schon gedacht: ›Herr, du hast mich verstoßen!‹ Du aber hörtest mich, als ich um Hilfe schrie« (Hfa). Aus der Rückschau muß David sagen: »In meiner Ungeduld warf ich Gott vor, nicht auf mein Rufen zu antworten, mich in meiner Prüfung allein zu lassen. Und dabei hat er mich doch die ganze Zeit gehört und bewahrt. Ich bin am Leben, weil er mich behütet hat!«

3. Es gibt auch den »dornigen Hörer«

»Was aber unter die Dornen fiel, sind die, die es hören und gehen hin und ersticken unter den Sorgen, dem Reichtum und den Freuden des Lebens und bringen keine Frucht« (Lk 8,14). Jesus sagt uns, daß dieser Hörer nicht fällt, nicht zurück in die Welt geht. Nein, er geht weiter – aber er bringt keine Frucht.

Dieser »Dornenhörer« geht zur Kirche, hört den Predigten zu, liest seine Bibel, hält sich zu Gottes Volk. Er macht alles mit, aber bei ihm kann keine Frucht reifen. Er macht Gott viele Versprechungen, aber hält keine einzige. Er ist einfach da – eine geistliche Null, ein Körper auf einer Kirchenbank.

Jesus sagt, daß dieser Hörer »hingeht«. Mit anderen Worten: Er hört das Wort, und danach macht er mit seinem Leben weiter, als sei nichts geschehen. O ja, er betet jeden Tag ein bißchen, benutzt das christliche Vokabular, gibt gar dann und wann jemandem Zeugnis. Aber was ihn wirklich beschäftigt, sind seine Sorgen, sein Vergnügen, sein Geschäft.

Wie kommt es, daß er sich so in den Dornen weltlicher Sorgen verfangen hat? Durch zuviel Reichtum! Die Bibel sagt, daß diese Art Hörer sich von seinem Verlangen nach Reichtum in sündige Vergnügungen hineinziehen läßt: »Denn die reich werden wollen, die fallen in Versuchung und Verstrickung und in viele törichte und schädliche Begierden, welche die Menschen versinken lassen in Verderben und Verdammnis« (1. Tim 6,9).

Ich glaube, der Dornenhörer ist der allerungeduldigste in diesem Gleichnis. Ich stelle ihn mir als hochaktiv, unternehmerisch veranlagt, als Menschen der Aktion vor – dabei durchaus freundlich und mit Herz, kein knallharter Egoist. Aber eine furchtbare Ungeduld hat ihn gepackt: Er hat keine Geduld mit den Kosten der Nachfolge Christi! Sein Kreuz auf sich nehmen, sich selbst verleugnen, alles für Jesus verlassen – er bringt es nicht fertig. Er »erstickt« (Lk 8,14) an dem Aufruf Jesu, sich von der Welt zu trennen und ganz für Gott dazusein. Er erstickt an dem Ruf, sein Leben für Gottes Sache hinzugeben und Beruf und Karriere hintenanzustellen.

Ich kenne nur sehr wenige Reiche, die sich selbst verleugnen. Die meisten sind es gewöhnt, ihr Fleisch zu pflegen und selber für alles zu sorgen. Sie sind wie der Dornenhörer, der nie von den Dingen dieser Welt entwöhnt worden ist. Er weiß nichts von dem Geist des Mose, der »lieber mit dem Volk Gottes zusammen mißhandelt werden« wollte, »als eine Zeitlang den Genuß der Sünde haben« (Hebr 11,25).

Gott sei gedankt: Einige reiche Christen gibt es, die zu solcher Selbsthingabe fähig sind. Aber die Bibel macht klar, daß Zeit und Kraft und Denken der meisten Reichen um Investitionen, Sorgen, Vergnügungen kreisen. Sie »gehen hin«, zufrieden mit einem fruchtlosen Leben.

Ein Pastor einer Pfingstgemeinde legte mir einmal ein erschütterndes Bekenntnis ab. Er erzählte, wie er seine Eltern besuchte, die in einem winzigen Wohnwagen hausten. Sein alter Vater war ein Pastor im Ruhestand und bettelarm, ohne Rentenversicherung. Als der Blick des Sohnes über die ärmliche Einrichtung schweifte, flüsterte der Teufel ihm zu: »Siehst du das? Wenn du dein Leben ganz dem Evangelium hingibst, endest du auch so arm! Denk nur an all die Missionare, die ihr Leben für Gott verbringen, wie sie alle mit nichts in der Tasche nach Hause kommen!«

Es kam etwas über diesen Sohn in diesem Augenblick. Er beschloß, daß er nie arm sein würde; nein, er würde so viel Geld verdienen wie möglich, so daß er standesgemäß in Rente gehen könnte. Dieser Mann bekleidete eine hohe Position in seiner Denomination und war hochangesehen und wohlbekannt. Aber jetzt fing er an, mit seinen Finanzen zu mauscheln. Der Zehnte ging voll auf sein Bankkonto. Sein Leben und Dienst ging weiter – aber sein Wunsch, reich zu werden, begann seine Liebe für Jesus zu ersticken.

Kein einziges seiner Finanzspiele war erfolgreich. Aber es hat sich nichts geändert bei diesem unglücklichen Mann. Er ist nach wie vor Pastor; oft predigt er auf Konferenzen. Und nach wie vor versucht er, sich ein Geldpolster für sein Alter zu schaffen. Kann sein, daß er einmal ein reicher Rentner sein wird. Aber die Herrlichkeit wird seinem Vater gehören. Ich glaube, Gott wird diesen alten Pastor und seine Frau nicht im Stich lassen. Auch wenn sie arm sind, sie werden immer Essen auf dem Tisch haben. Und wenn der Vater dann stirbt, wird er in Frieden gehen, um bei seinem Herrn zu ruhen – nach Hause, wo er seinen neuen Leib und eine Wohnung in des Vaters Haus bekommen wird.

Sein Sohn wird immer die Sorgen dieser Welt auf dem Rücken tragen. Selbst wenn seine Altersvorsorge funktioniert – er wird sie nie genießen können. Warum nicht? Weil er leben und sterben wird, ohne Frucht gebracht zu haben.

4. Schließlich der Hörer des »guten Landes«

»Das aber auf dem guten Land sind die, die das Wort hören und behalten in einem feinen, guten Herzen und bringen Frucht in Geduld« (Lk 8,15). Diese Hörer haben »ein feines, gutes Herz« (Elbf.: »redliches und gutes Herz«). Was heißt das? Die Antwort finden wir in 2. Thess 3,5: »Der Herr richte euer Herz darauf, daß ihr Gott liebt und unbeirrt auf Christus wartet« (Einheitsübers.).

Dieser Vers enthält die beiden Hauptmerkmale des Hörers »auf dem guten Land«: ein Herz, das erstens Gott liebt und zweitens überzeugt ist, daß Jesus immer zur rechten Zeit handeln wird. Diese beiden Merkmale sind nötig für ein Herz, das bleibende Frucht bringt.

Dieser Hörer auf dem guten Land ist zunächst einmal nicht anders als die anderen. Er geht durch große Nöte und Prüfungen, die er nicht versteht. Er wird müde und manchmal niedergedrückt. Manchmal wird er vom Fleisch verführt, und seine Leidenschaften sind ungebärdig. Manchmal gehen seine Gedanken auf Wanderschaft und müssen zurück in den Gehorsam zu Christus gebracht werden. Zuweilen wird seine Christusliebe auf die Probe gestellt, und es geht durch lange Dürrezeiten, oder sein Gewissen plagt ihn. Aber die Grundausrichtung seines Herzens stimmt! In jeder Lage sucht er die Liebe zu Gott und das geduldige Warten auf Jesus Christus.

Unbeirrt auf Christus warten – das hat eine doppelte Bedeutung: Erstens, daß ich auf Jesu Wiederkunft warte (vgl. 2. Thess 3,5 Hfa). Aber es ist auch ein Warten darauf, daß Jesus plötzlich meine Gebete erhört und mich segnet oder errettet. Das feine, gute Herz sagt: »Jesus, ich weiß, ich bin nicht perfekt. Mein Herz ist schwarz ohne dein reinigendes Blut. Aber ich weiß auch, daß ich dich von ganzem Herzen liebe und dir gehorchen will. Ich will, daß mein Leben dir gefällt. Aber ich kann nichts von mir selber tun. Du hast versprochen, mich festzuhalten, und ich warte darauf, daß du mich rettest!«

Das »feine, gute Herz« ist ein Herz, das durch alle Prüfungen hindurch voller Hoffnung ausharrt. Gottes Wort wirkt dann am meisten in uns, wenn es ein stilles, vertrauensvolles Sichfallenlassen in Gott hervorbringt. Der Hebräerbrief sagt uns: »Geduld aber habt ihr nötig, damit ihr den Willen Gottes tut und das Verheißene empfangt« (Hebr 10,36). Haben Sie Ihre Hoffnung, ja Ihr ganzes Leben auf dieses Wort gesetzt? Glauben Sie, daß es Sie durch all die Jahre Ihres Lebens mit Jesus hindurch bewahren wird?

Lassen Sie Gottes Wort in Ihr Herz hinein – jetzt. Lassen Sie es Ihr Herz rein, redlich und gut machen. Sie werden dann erfahren, wie es Sie in jeder Prüfung und Versuchung zur Liebe zu Gott und zur Geduld hin ausrichtet – bis Jesus kommt mit seiner Heilung und seinem Sieg.

Kapitel 13

Wann wollten Sie das letzte Mal aufgeben?

Der Kampf gegen die Angst, die Satan in mich sät

Ist es möglich, daß rechtschaffene, gottesfürchtige, vom Geist erfüllte Christen so niedergedrückt werden, daß sie am liebsten aufgeben möchten?

Denken wir einmal darüber nach. Ich rede von Gläubigen, die nahe bei Jesus sind – die sein Herz und seinen Sinn kennen, die Gebetskämpfer sind, seine Wunder und einen Sieg nach dem anderen erfahren haben. Menschen, die ganz Gottes Werk tun und sich jeden Tag neu als lebendige Opfer ihm hingeben. Also: Können solche Christen so »down« und verzweifelt und am Ende sein, daß sie überzeugt sind, daß alles aus ist?

Ja, natürlich!!

Der Fall Hiob

Die Bibel sagt über Hiob: »Der war fromm und rechtschaffen, gottesfürchtig und mied das Böse« (Hiob 1,1). Dieser Mann fürchtete Gott allein. Er mied das Böse und jeden faulen Kompromiß. Aber jetzt stand er vor der Krise seines Lebens: Er hatte seine ganze Familie verloren, seinen Besitz, alles, und sein Leib war von Kopf bis Fuß von Geschwüren bedeckt. Er hatte den Punkt erreicht, wo das Maß des Leidens für ihn voll war. Er rief aus:

»Denn die Pfeile des Allmächtigen stecken in mir; mein Geist muß ihr Gift trinken, und die Schrecken Gottes sind auf mich gerichtet ... Könnte meine Bitte doch geschehen, und Gott mir geben, was ich hoffe! Daß mich doch Gott erschlagen wollte und seine Hand ausstreckte und mir den Lebensfaden abschnitte!« (Hiob 6,4.8-9). Hiob sagte: »Ich habe nur einen Wunsch – den Tod! Ich hab genug, Gott, nimm mich weg!«

Klingen diese Worte wie die eines total rechtschaffenen Mannes? Tatsache ist: Die Bibel bezeugt, daß Hiob von keiner Sünde in seinem Leben wußte. Er stand so rein vor Gott da, wie es nur möglich war. Und doch ließ Gott ihn durch solch eine Verzweiflung gehen, daß ihm das Leben unerträglich wurde: »... qualvolle Nächte sind mir zugeteilt worden. Sobald ich mich niedergelegt habe, denke ich: ›Wann werde ich aufstehen?‹; dann dehnt sich die Nacht endlos aus, und ich werde des Hin- und Herwerfens übersatt bis zum Morgengrauen« (Hiob 7,3-4 Menge).

Endlich rief Hiob voller Verzweiflung aus: »... daß ich mir wünschte, erwürgt zu sein, und den Tod lieber hätte als meine Schmerzen. Ich vergehe! Ich leb' ja nicht ewig. Laß ab von mir, denn meine Tage sind nur noch ein Hauch ... daß ich mir selbst eine Last bin ...« (7,15-16.20). Hiob war verzweifelt, weil seine Probleme unlösbar waren. Er sah keinen Ausweg mehr, er war am Ende!

Etwa zu dieser Zeit kamen drei Freunde zu Hiob zu Besuch – die sogenannten »Hiobströster« – und versuchten, herauszufinden, warum Hiob so leiden mußte. Sie konnten nicht verstehen, wie Gott einen Gerechten so leiden lassen konnte – geistig, geistlich und körperlich – wie Hiob.

Lieber Leser, dies ist das ständige Dilemma in der Gemeinde und auch in den Augen der Welt: daß jemand, der Gott sein ganzes Leben gibt, als Antwort nur Leiden zu bekommen scheint. Ob innnerhalb der Gemeinde oder außerhalb – es hat noch nie jemand verstanden, wie ein liebender Gott es zulassen kann, daß die Menschen, die ihm alles hingegeben haben, durch solche Leiden und Verzweiflung gehen.

Und so erhoben Hiobs Freunde den religiösen Zeigefinger: »Gott schlägt nicht den Gerechten, Hiob; du mußt gesündigt haben!« »... wenn Böses in deiner Hand ist, so entferne es und laß in deinen Zelten kein Unrecht wohnen!« (11,14 Elbf.).

Ich frage Sie: Was würden Sie sich fühlen, wenn Sie versuchten, Ihr Leiden zu verstehen, und von einem engen Freund solche Worte hören müßten? Diese sogenannten Gottesmänner sagten Hiob: »Du mußt verborgene Sünden in deinem Leben haben. Heraus damit – bekenne sie, damit deine Not aufhören kann!«

Aber war Gott zornig auf Hiob? Überhaupt nicht, das macht die Schrift sehr klar. Und Hiob wußte das auch; er sagte Gott: »Mich ekelt mein Leben an ... Verdamme mich nicht! Laß mich wissen, warum du mich vor Gericht ziehst ... wo du doch weißt, daß ich nicht schuldig bin ...« (10,1.2.7).

Ich möchte Ihnen noch mehr von Hiobs Klagen nennen. Fragen Sie sich einmal, ob Sie nicht vielleicht schon einmal ähnliche Gedanken gehabt haben:

- »Hast du mich nicht wie Milch hingegossen und wie Käse gerinnen lassen?« (10,10). Mit anderen Worten: »Herr, du hast mein Leben durcheinandergebracht, daß ich sauer werde; ich blicke nicht mehr durch!«
- »Warum verbirgst du dein Antlitz und hältst mich für deinen Feind?« (13,24). »Gott, du hast mir meine Kinder genommen und alles, was ich habe. Warum bist du gegen mich?«
- »Mein Antlitz ist gerötet vom Weinen, auf meinen Wimpern liegt Dunkelheit« (16,16).

Sind Sie in Ihrem Leben mit Jesus auch schon an solch einen Punkt gekommen?

Jeremia – der weinende Prophet

In Jeremia brannte das Feuer Gottes. Dieser heilige Mann ging mit Gott und war furchtlos vor den Menschen. Er hatte einen

Draht zu Gottes Thron und war für seine Generation die Stimme des Herrn. Niemand hielt seiner Kraft und Vollmacht stand, er erschütterte seine Hörer bis ins Mark!

Aber auch Jeremia erlebte eine abgrundtiefe Verzweiflung. Gott ließ ihn durch ein finsteres Tal gehen, wie es nur wenige Menschen erlebt haben. Jeremia war drauf und dran, aufzugeben.

Der Prophet war überzeugt, daß er einer Täuschung erlegen war. Der Teufel flüsterte ihm ein, daß man ihn ablehnte und verspottete, weil Gott ihn aufs Eis geführt hatte: »Du hast mich beredet, HERR, und ich habe mich bereden lassen … Zum Gelächter bin ich geworden tagaus, tagein, alle Welt verhöhnt mich!« (Jer 20,7 Menge).

Oder lesen wir diese Sätze des frommen, wortgewaltigen Propheten: »Verflucht sei der Tag, an dem ich geboren bin; … Verflucht sei, der meinem Vater gute Botschaft brachte und sprach: ›Du hast einen Sohn‹, so daß er ihn fröhlich machte! Der Tag soll sein wie die Städte, die der HERR vernichtet hat …, weil er mich nicht getötet hat im Mutterleibe, so daß meine Mutter mein Grab geworden und ihr Leib ewig schwanger geblieben wäre! Warum bin ich doch aus dem Mutterleib hervorgekommen, wenn ich nur Jammer und Herzeleid sehen muß und meine Tage in Schmach zubringe!« (Jer 20,14-18).

Klingt dies wie die Worte eines furchtlosen Gottesmannes? Jeremia war so überwältigt von Not und Elend, daß er sich wünschte, nie geboren worden zu sein – ein Echo der Worte Hiobs: »Warum gibt Gott das Licht dem Mühseligen und das Leben den betrübten Herzen …, die sich sehr freuten und fröhlich wären, wenn sie ein Grab bekämen« (Hiob 3,20.22). Hiob sagte: »Gott, warum hast du mir so viel Licht gegeben, nur um es mir plötzlich wieder zu nehmen? Ich möchte mich hinlegen und sterben und meine Ruhe haben!«

Genauso bei Elia

Elia war jemand, der Gottes Wunder aus erster Hand kannte. Er hatte ein totes Kind zum Leben erweckt. Und jetzt stand er vor König Ahab und betete den Himmel zu. Er sagte: »Ich habe vor einem heiligen Gott auf den Knien gelegen, und ich sage dir, es wird nicht wieder regnen, bis ich es sage« (siehe 1. Kön 17,1).

Wenn das kein Machterweis war – Elia verschloß den Himmel und öffnete ihn wieder; auf sein Wort hin regnete es wieder. Ja, Elia rannte schneller, als Ahabs Streitwagen fahren konnte – und das, wohlgemerkt, mit über 80 Jahren! Zwölf Eimer Wasser goß er bei dem Gottesurteil auf dem Karmel über den Altar und rief dann Feuer vom Himmel herab, das das Opfer verzehrte (1. Kön 18). Was für eine Szene muß das gewesen sein!

Elias Herzenswunsch war eine Erweckung in Israel. Lange Jahre hatte er die Verderbtheit des Volkes mit ansehen müssen, und jetzt – ja, jetzt würden sie erhört werden, seine Gebete – eine Reformation in Israel …

Aber Isebel erstickte die Erweckung sofort, ja sie drohte Elia den Tod an. Und plötzlich rennt der furchtlose Prophet um sein Leben. Mitten in der Wüste setzt er sich unter einen Ginsterstrauch nieder »und wünschte sich zu sterben« (1. Kön 19,4).

Elia hatte sein Leben für eine Erweckung eingesetzt, im Gebet und in der Aktion – aber jetzt glaubt er, daß er ein Versager ist: »Es ist genug, so nimm nun, HERR, meine Seele; ich bin nicht besser als meine Väter« (1. Kön 19,14).

Zwischen den Zeilen sagt Elia hier: »Gott, ich habe alles eingesetzt. Ich habe kein Eigenleben gehabt, ich wollte nur dir gefallen. Und jetzt ist es alles für nichts und wieder nichts!«

Vierzig Tage und Nächte lang war Elia im Loch der Depression. Vierzig Tage Verzweiflung, Schlaflosigkeit, Warten auf den Morgen, hektisches Grübeln. Es muß ein einziger Alptraum der Niederlage, des Abgelehntseins, der Hoffnungslosigkeit gewesen sein. Die Erinnerung an all die Wunder, die Gott für Elia getan hatte – sie war wie weggeblasen. Eine schwarze Decke der Verzagtheit hatte sich über seine Seele gelegt. Noch nicht einmal die vergangenen Segnungen konnten ihn trösten.

Sie denken vielleicht: »Also, jemand, der solche Wunder erlebt hat wie Elia, kann doch keine Zweifel oder Depressionen haben! Elia brauchte sich doch nur daran zu erinnern, was Gott alles schon in seinem Leben getan hatte.« Fehlanzeige! Es kommen Tage, wo die Wunder und Segnungen von früher einem nicht helfen in der Anfechtung von heute.

Ich habe schon viele Christen – Pastoren, Evangelisten, von Gott gebrauchte Seelengewinner – in der Seelsorge gehabt, die auch in solch einem Verzweiflungsloch waren. Ihr Dienst war vollmächtig gewesen, sie hatten herrliche Offenbarungen Gottes gepredigt – und dann wurden sie plötzlich müde, ein Problemberg wuchs vor ihnen, sie wurden verleumdet und abgelehnt, daß sie schließlich meinten, ihr ganzes Leben sei umsonst gewesen: »Es hat keinen Zweck mehr, ich habe nichts für Gott erreicht, ich bin ein Versager!«

Ich war entsetzt, daß ein Christ sich so gehen lassen konnte. Fast empört antwortete ich diesen Christen: »Jetzt mach's mal halblang! Hast du vergessen, was Gott alles für dich getan hat?«

Mag sein, daß meine Antwort theologisch korrekt war. Aber oft funktioniert diese Theologie einfach nicht. So bei Elia: Dieser Gottesmann versteckte sich in einer Höhle!

Sind Sie auch schon einmal eine Zeitlang ausgestiegen wie Elia? Haben Sie sich auch versteckt, weil Sie so fertig waren, daß Sie niemanden mehr hören oder sehen wollten? Vielleicht in einer Höhle des Schweigens, des Rückzugs vor Menschen und Aufgaben? Oder sind Sie immer noch überzeugt, daß einem Christen so etwas nicht passieren kann? Vielleicht sagen Sie: »Das sind doch alles Beispiele aus dem Alten Testament, aber wir leben doch in der Gnadenzeit, da braucht doch kein geisterfüllter Gläubiger Angst zu haben. ›Depression‹ sollte ein Fremdwort sein in Gottes Haus!«

Gab es das nur im Alten Testament?

Was meinen Sie: Können auch Heilige des Neuen Testaments, die von Gottes Geist erfüllt sind, durch tiefe Verzweiflungstäler gehen – Menschen, die beten, die ihr Leben in den Dienst für Gott stellen, die nicht in Sünde leben, sondern ganz Jesus hingegeben sind?

Wir können die Antwort bei Paulus nachlesen. Wenn einer ein neutestamentlicher Heiliger war, dann er – ein kostbarer Mann, der die ganze Welt drangegeben hatte, um Christus zu gewinnen. Jeden Atemzug tat er für den Meister. Er hatte eine Christusoffenbarung erfahren wie kein anderer Sterblicher. In seinem Inneren hatte Jesus sich offenbart, und der Geist nahm ihn mit in den Himmel, wo er ihm unaussprechlich herrliche Dinge zeigte. Es war Paulus, dem Gott das Geheimnis des Evangeliums anvertraute; seine Briefe haben Gottes Volk durch die Jahrhunderte hindurch unterwiesen.

Aber die Bibel sagt, daß Paulus, als er in Kleinasien predigte, nichts als Probleme hatte: »Denn wir wollen euch, liebe Brüder, nicht verschweigen die Bedrängnis, die uns in der Provinz Asien widerfahren ist ...« (2. Kor 1,8).

Gott hatte Paulus in Kleinasien gewaltig benutzt, besonders in Ephesus, das eine zweijährige Erweckung erfuhr: »So breitete sich das Wort aus durch die Kraft des Herrn und wurde mächtig« (Apg 19,20). Gott tat gewaltige Wunder: Dämonen wurden ausgetrieben, Lahme und Kranke geheilt, und das alles durch Paulus. »So hielten sie auch die Schweißtücher und andere Tücher, die er auf seiner Haut getragen hatte, über die Kranken, und die Krankheiten wichen von ihnen, und die bösen Geister fuhren aus« (Apg 19,12).

So groß war die Wirkung der Wunder und der Predigt, daß die Neubekehrten aus Ephesus ihre Zauberbücher – im Gesamtwert von 50000 Silberstücken – öffentlich verbrannten. Aber das rief nur die satanischen Mächte in der Stadt auf den Plan. Ephesus war immerhin das Zentrum des Diana-Kultes, und jetzt ging der Verkauf der silbernen Nachbildungen des Diana-Tempels steil nach unten. Es kam zu einem Aufstand der Silberschmiede, die die Menge gegen Paulus aufbrachten. Mitten in dieser großen Erweckung schleifte man seine Gefährten ins Theater, wo sie sich vor einem wütenden Mob verteidigen mußten. Paulus mußte die Stadt schließlich mit den Schmähungen der Feinde des Evangeliums in den Ohren verlassen.

Sehen Sie, was hier vorging? Zwei Jahre seines Lebens hatte Paulus in diese Erweckung gesteckt und Gottes Arm hautnah erlebt – und dann plötzlich dieser Aufruhr, der ihn schier überrollte, »so daß wir auch am Leben verzagten« (2. Kor 1,8). Mit anderen Worten, Paulus dachte: »Jetzt ist es aus, das überlebe ich nicht!«

Ich glaube, ich kann Paulus das etwas nachfühlen. Vor Jahren war ich mit Schwester Kathryn Kuhlman auf einer Großveranstaltung in Los Angeles. Über fünftausend Zuhörer waren da, es gab nur noch Stehplätze. Meine Frau hatte damals Krebs, und ich hatte alle Hände voll zu tun mit Teen Challenge. Ich war müde und erledigt nach all dem Reisedienst und Bücherschreiben, und genau dann greift der Feind natürlich an – wenn wir körperlich down sind und keine Kraft mehr haben.

Ich saß auf der Bühne, wo ich gleich predigen würde, und schaute zu, wie Schwester Kuhlman die Zuhörer durch die Veranstaltung führte. Gottes Geist war spürbar, wunderbare Dinge geschahen. Aber plötzlich war der Feind da und flüsterte in meinem Herzen: »Du bist der größte Schwindler auf der Erde! Du willst dir doch nur einen Namen machen mit deiner Arbeit, und jetzt wird deine Frau bald sterben. Du sagst, du hast dein Leben Gott hingegeben, aber das ist doch alles nur Show! Du hast nicht Gottes Feuer, du hast nicht mehr seinen Geist. Du kannst heute abend nicht predigen, deine Worte wären nur lauter Betrug!«

Die Stimme war so laut, daß ich sie nicht abstellen konnte. Ich versuchte sie abzuschütteln, aber als ich an das Rednerpult trat, schrie sie mir immer noch in die Ohren. Ich öffnete meinen Mund, um zu predigen, aber es kam fast nichts heraus. Fünf Minuten lang versuchte ich zu sprechen – es ging nicht. Ich bedeutete schließlich Schwester Kuhlman, für mich weiterzumachen, und verließ das Podium.

Hinter dem Podium fragte mich ein Pastor: »David, was ist los mit dir?« Ich konnte nur den Kopf schütteln. »Tut mir leid«, sagte ich. »Ich schaff das heute nicht. Ich bin ein Schwindler!«

Wie Jeremia brauchte ich Wochen, um durch meine Verstörung und Herzensnot hindurchzukommen. Gott brachte mich schließlich hindurch. Ich entdeckte dabei, daß man solche Zustände nicht rein körperlich erklären kann. Der Feind kam wie eine Flutwelle über mich, wie eine Invasionsarmee der Mächte der Hölle. Ein paar Augenblicke, und ich war in einem schwarzen Loch und wußte selber nicht, warum.

Wir wissen nicht genau, was Paulus mit der »Bedrängnis« in 2. Kor 1,8 meinte. Einige Ausleger meinen, daß er bis auf den Tod krank war. Aber ich glaube nicht, daß Paulus' Not von der körperlichen Sorte war. Ich glaube, er meinte hier nicht Schiffbruch, Steinigungen oder Schläge. Ich glaube, er meinte eine innere Qual, einen tiefen geistlichen Kampf, der ihn schier aufrieb.

Sie mögen finden, daß kein rechter Christ je Angst haben oder schwere Kämpfe mit dem Fleisch auszufechten haben sollte. Aber ich bin Paulus dankbar, daß er so ehrlich von seinen Kämpfen berichtet hat; sonst würde ich vielleicht meinen eigenen Kampf mit der Verzweiflung für eine absonderliche Ausnahme halten!

Im Laufe der Menschheitsgeschichte haben viele Männer und Frauen Gottes bezeugt, daß der Satan sie so angegriffen hat. Er kommt mit Lügen, Entmutigung, Hoffnungslosigkeit. Ein Mensch, der gestern noch in fröhlicher Heilsgewißheit lebte, kann heute von einem unerklärlichen Gefühl der Wertlosigkeit überfallen werden. Plötzlich, ohne jeden erkennbaren Grund, ist sein Friede weg. Er ist ruhelos und verzagt und fühlt sich unwürdig, schmutzig und für Gott nicht tragbar.

Dies ist nicht dasselbe wie eine körperliche Depression oder das Gefühl, nicht erwünscht zu sein. Es ist eine unerklärliche innere Qual, und sie kann uns jederzeit wie aus heiterem Himmel überfallen. Ich weiß selber nicht, wie ich es nennen soll, aber besonders betroffen scheinen Frauen zu sein, und die »Experten« haben viele interessante Namen dafür. Eines Tages beginnt ein unerklärlicher Berg in einem hochzuwachsen. Man will auf einmal mit niemandem mehr reden und sich am liebsten allein in eine Ecke verkriechen.

Was immer Paulus dort in der Provinz Asien durchmachte, es warf ihn zu Boden und nahm ihm alle Kraft, daß er dachte, er müßte sterben (2. Kor 1,9). Mit anderen Worten: Er sah keinen Ausweg mehr, es schien ihm nicht menschenmöglich zu sein, es zu schaffen.

Sie mögen wieder protestieren: »Ein solcher Gottesmann wie Paulus und so verzweifeln – wie geht das zu? Wollte er wirklich am liebsten sterben?«

Nun, Paulus hatte selber die Aufsicht über die von ihm gegründeten Gemeinden übernommen. Er liebte die neuen Gläubigen von ganzem Herzen, weinte über ihre Sünden und Halbheiten, korrigierte sie tief betrübt. Allein das schon wäre eine ungeheure Last für wohl jeden Mann und jede Frau Gottes gewesen. Paulus bezeugt in 2. Kor 2,4: »Denn ich schrieb euch aus großer Trübsal und Angst des Herzens unter vielen Tränen; nicht, damit ihr betrübt werden sollt, sondern damit ihr die Liebe erkennt, die ich habe besonders zu euch.«

Diese Last, seinen Gemeinden ständig Korrektur und Wegweisung geben zu müssen, schwächte Paulus. Es war ähnlich anstrengend, als wenn eine Frau ein Kind zur Welt bringt. In

2. Kor 7,5 schreibt Paulus: »Denn als wir nach Mazedonien kamen, fanden wir keine Ruhe; sondern von allen Seiten waren wir bedrängt, von außen mit Streit, von innen mit Furcht.«

Sie sagen vielleicht: »Der große Apostel Paulus und Angst haben? Hat er nicht so viel vom Sieg über die Angst geredet? Spricht hier wirklich derselbe Mann?«

Ja, absolut! Das ist ja die Strategie des Satans – daß er uns angst macht. Er will, daß wir unser Gottvertrauen verlieren und uns einbilden, daß all unser Beten, Fasten und Gott-Suchen umsonst gewesen ist.

Man überlese nicht die zweite Hälfte von 2. Kor 2,9: »Das geschah aber, damit wir unser Vertrauen nicht auf uns selbst setzten, sondern auf Gott, der die Toten auferweckt ...« Es ging hier um den Glauben! Es ist meine Überzeugung, daß Gott seine Leute – und vor allem Prediger des Evangeliums – durch viele Schwierigkeiten gehen läßt, damit ihr Glaube aufgebaut wird, so daß sie nicht theologische Bücherweisheiten von sich geben, sondern aus der persönlichen Erfahrung der Retterkraft Gottes heraus sprechen. Darum konnte Paulus sagen: »Ich will, daß ihr wißt, wie der Teufel mich in Asien angegriffen hat und wie Gott mich hindurchtrug – damit auch ihr Heilung und Errettung bekommt!«

In den letzten Jahren hat der Satan es bei mir erneut mit dem »Schwindler«-Trick versucht – aber er schafft es nicht. Ich habe ihn jedesmal abgewiesen: »Die Platte zieht nicht mehr, Satan, die hast du damals zerbrochen, die leg ich nicht mehr auf. Du wirst mir nie einreden, daß ich ein Schwindler bin!«

Ich glaube, viele von Ihnen lieben Jesus von ganzem Herzen – und stecken gerade im Loch der Verzweiflung!

Vielleicht geht es Ihnen wie Paulus: Der Druck ist nicht mehr auszuhalten, Ihre Kraft fast erschöpft, Sie sind drauf und dran, aufzugeben, kein Ausweg ist in Sicht, und jetzt sagen Sie mit Paulus: »Das übersteigt meine Kräfte!«

Was nun? Was ist der Weg zum Sieg? Ich kann Ihnen nur bezeugen, wie Gott mich immer wieder durchbringt. Hier sind vier wichtige Wahrheiten, die er mir gegeben hat:

1. Denken Sie nicht, daß es nur Ihnen so geht. Sie sind in bester Gesellschaft. Hiob ging es auch so. Und Jeremia, Elia,

David, Paulus. Nun ja, und mir. Was Sie erleben, haben im Laufe der Jahrhunderte Christen immer wieder erlebt. Petrus schreibt: »Geliebte, laßt euch die Feuerglut der Leiden, die zur Prüfung über euch ergeht, nicht befremden, als ob euch damit etwas Unbegreifliches widerführe, sondern freuet euch in dem Maße, wie ihr an den Leiden Christi teilnehmt, damit ihr auch bei der Offenbarung seiner Herrlichkeit euch freuen und jubeln könnt« (1. Petr 4,12-13 Menge).

2. Wenn Sie meinen, daß Sie nicht mehr können, wenn alles absolut hoffnungslos aussieht, dann rufen Sie aus tiefstem Herzen zu Gott: »Herr, hilf mir!« Hören Sie, was David in den Psalmen sagt:

- »Ich aber will zu Gott rufen, und der HERR wird mir helfen. Abends und morgens und mittags will ich klagen und heulen; so wird er meine Stimme hören. Er erlöst mich von denen, die an mich wollen, und schafft mir Ruhe; denn ihrer sind viele wider mich« (Ps 55,17-19).
- »Herzlich lieb habe ich dich, HERR, meine Stärke! HERR, mein Fels, meine Burg, mein Erretter; mein Gott, mein Hort, auf den ich traue, mein Schild und Berg meines Heils und mein Schutz! Ich rufe an den HERRN, den Hochgelobten, so werde ich vor meinen Feinden errettet. Es umfingen mich des Todes Bande, und die Fluten des Verderbens erschreckten mich. Des Totenreichs Bande umfingen mich, und des Todes Stricke überwältigten mich. Als mir angst war, rief ich den HERRN an und schrie zu meinem Gott. Da erhörte er meine Stimme von seinem Tempel, und mein Schreien kam vor ihn zu seinen Ohren« (Ps 18,2-7).
- »HERR, mein Gott, als ich schrie zu dir, da machtest du mich gesund. HERR, du hast mich von den Toten heraufgeholt; du hast mich am Leben erhalten, aber sie mußten in die Grube fahren« (Ps 30,3-4).

Hier ist ein Schlüsselvers: »Denn er wird den Armen erretten, der um Hilfe schreit, und den Elenden, der keinen Helfer hat« (Ps 72,12). Jesus hat Ihnen den Heiligen Geist als Helfer gesandt; er wird sich nicht taub stellen, wenn Sie zu ihm um Hilfe rufen!

3. Vertiefen Sie sich in Gottes Wort, ergreifen Sie die Verheißung, die Ihnen ganz persönlich gilt, nehmen Sie sie mit in Ihr

Gebetskämmerlein und nehmen Sie Gott beim Wort. Hier sind meine beiden Lieblingsverheißungen aus der Bibel, die ich jedesmal, wenn ich zu Gott schreie, ihm hinhalte:

- »Wer ist unter euch Menschen, der seinem Sohn, wenn er ihn bittet um Brot, einen Stein biete? oder, wenn er ihn bittet um einen Fisch, eine Schlange biete? Wenn nun ihr, die ihr doch böse seid, dennoch euren Kindern gute Gaben geben könnt, wieviel mehr wird euer Vater im Himmel Gutes geben denen, die ihn bitten!« (Mt 7,9-11).

Bitten Sie den Herrn um das Gute, das er für Sie bereithält! Bitten Sie ihn, Sie frei zu machen, all Ihre Schande wegzunehmen, allen Sündendreck abzuwaschen! Er wartet nur darauf!

- »Dem aber, der überschwenglich tun kann über alles hinaus, was wir bitten oder verstehen, nach der Kraft, die in uns wirkt, dem sei Ehre in der Gemeinde und in Christus Jesus zu aller Zeit, von Ewigkeit zu Ewigkeit! Amen« (Eph 3,20-21).

Bringen Sie Gott jeden Tag diese Verheißung; sagen Sie: »Vater, du hast gesagt, daß du noch viel mehr tun wirst, als ich bitte. Ich bitte dich: Über-erhöre du mein Gebet!« Solch ein Glaube gefällt Gott.

4. Vertrauen Sie auf den Heiligen Geist, der in Ihnen wohnt. Der Vater hat ihn in Ihr Herz hineingeschickt, aber jetzt müssen Sie auf ihn eingehen! Sie müssen glauben, daß er antwortet, wenn Sie zu Gott schreien. Gott braucht uns keinen Engel zu schicken, um mit uns zu reden; er hat uns schon alles gegeben – den Heiligen Geist selber!

Das ist das Geheimnis, und es ist so einfach: Wenn Sie in Not sind und den Weg nicht mehr wissen, dann geben Sie alles in die Hand des Heiligen Geistes. Sagen Sie ihm: »Heiliger Geist, du kennst die Lösung. Ich nicht. Ich gebe hiermit alles in deine Hand; lenke du mein Leben. Ich weiß, daß schon viele andere Gläubige in der Not waren, die ich gerade durchmache. Und ich werde den Herrn um Hilfe anrufen. Ich werde ihn beim Wort seiner großen, kostbaren Verheißungen nehmen, und dich lasse ich den Rest erledigen, denn du kennst die Tiefen Gottes!«

Wer dieses einfache Bekenntnis spricht, der wird erfahren, wie Gott ihn stärkt und aufrichtet. Auch wenn wir am liebsten aufgeben möchten – Gott ist treu und wird uns durchtragen!

Kapitel 14

Vom Schlaffie zum Kämpfer

Wie man dem Feind entgegentritt

Ich war im vierten Schuljahr, als ich zum ersten Mal das Wort »Schlappschwanz« hörte. So nannten meine Mitschüler Big Tom, den größten Jungen in unserer Klasse. Tom hätte jeden verprügeln können, so stark und muskulös wie er war, und er konnte fast alles heben. Aber er weigerte sich, zu kämpfen.

Selbst die Kleinsten in unserer Klasse machten sich über ihn her, und ich dünne halbe Portion wurde schließlich sein Beschützer! Wir wurden gute Freunde, Tom und ich. Aber es war schlimm, mit anzusehen, wieviel unnötige Hänseleien er über sich ergehen ließ. Und dabei hätte er doch bloß aufzustehen und zu sagen brauchen: »Das reicht! Ich will keinen Streit, aber wenn ihr mir noch mal so kommt, dann könnt ihr was erleben!«

Aber das hat Tom nie getan. Die kleineren Jungen konnten ihn herumstoßen, wie sie wollten. In der sechsten Klasse nannten sie ihn immer noch »Schlappschwanz«, »Feigling«, »Muttersöhnchen«, und je älter er wurde, um so schlimmer wurden die Hänseleien. Mein letztes Bild von Tom ist das eines 1,80 Meter großen Jungen, der voll verängstigt war und dauernd jemandem als Zielscheibe diente.

Sie denken jetzt vielleicht: »Ist doch gut, daß Tom keine Kämpfernatur war. Er war halt friedliebend.« Nun, ich will nicht sagen, daß Tom die anderen lieber hätte provozieren sollen. Sein Problem war, daß er wirklich ein Feigling war!

Lieber Leser, es ist Zeit, daß wir Christen uns einer traurigen Tatsache stellen, und diese Tatsache hat mit uns zu tun: Die Gemeinde Jesu Christi ist voll von Schlappschwänzen! Ich benutze diesen Ausdruck nicht, um sarkastisch zu sein; ich kenne einfach kein besseres Wort, um die geistliche Feigheit zu beschreiben, die die Kirche beherrscht. Ich meine jetzt natürlich nicht jeden einzelnen Christen, aber das Haus Gottes ist angefüllt mit Feiglingen, die eine Heidenangst vor dem Teufel haben, die sich ihm nie entgegenstellen und die sich ständig von den Mächten der Hölle verhöhnen lassen.

Die Bibel sagt uns, daß in diesen letzten Tagen der Satan voller Wut auf den Plan tritt, weil er weiß, daß seine Zeit kurz ist. Er fährt sein ganzes Waffenarsenal gegen Gottes Volk auf, um es zu zermürben. Er hat Legionen dämonischer Lügengeister ausgesandt, um die Kirche zu drangsalieren und zu verführen. In diesem Augenblick ist er dabei, alle möglichen Lügen in die Herzen der Gläubigen zu säen, die Schuldgefühle, Depression und Angst bringen.

So wenige Gläubige wissen, wie man kämpft!

Es wird viel über den »geistlichen Kampf« geredet in den Gemeinden, aber immer noch haben die Christen es nicht gelernt, wie man dem Feind entgegentritt. Es ist ihm ein Kinderspiel, uns kleinzukriegen. Aber nicht jedes Ungemach, das einen Christen befällt, kommt vom Teufel. Wir schieben ihm zu Unrecht Dinge in die Schuhe, die auf das Konto unserer eigenen Leichtfertigkeit, unseres Ungehorsams und unserer Faulheit gehen:

- Wenn Sie sich vor dem Schlafengehen mit Pfefferpizza und Cola vollstopfen, wundern Sie sich nicht, wenn Sie von einer Büffelherde träumen, die dämonisch grinsend auf Ihrem Bauch herumtrommelt. Das ist nicht der Teufel – das waren Sie selber.
- Wenn Sie sich spät abends Pornofilme reinziehen, dann hat nicht der Teufel Ihnen diese lüsternen Gefühle ins Herz gegeben. Sie selber haben den Fernseher eingeschaltet!

Es ist billig, unsere eigenen Dummheiten auf den Teufel zu schieben, damit wir uns nicht ändern müssen. Aber es gibt wirklich einen Teufel, und er ist hochaktiv in unserer heutigen Welt. Wie anders kann man das, was mit so vielen Christen geschieht, erklären? Sie haben keinerlei Ähnlichkeit mit ihrem Heiland. Sie klatschen, verleumden und jammern. Sie sind eifersüchtig, häßlich, unbarmherzig, streitsüchtig. Sie verbringen ihre Jahre in Bitterkeit, Haß, Sinnlichkeit und Begierde.

Überall treffe ich Christen, die schwören, daß sie ihren Pastor lieben, aber die gierig zuhören, wenn über ihn geklatscht wird. Sie wissen, daß ihr Seelenhirte sich für sie verausgabt, Woche um Woche, aber sie lassen den Klatsch und die Halbwahrheiten munter weiterströmen und tun nichts, um sie zu unterbinden. Mit ihrem Schweigen billigen sie jedes Wort – und das Gift setzt sich auch in ihnen fest.

Ich möchte Ihnen etwas über Satans Strategie verraten: Wenn er den Allmächtigen nicht von seinem Thron stoßen kann, versucht er, Gottes Bild aus Ihnen herauszureißen. Er will aus Anbetern Nörgler und Gotteslästerer machen. Und jedes Stück Klatsch, das wir hören, jedes »Hast du das über den X schon gehört?« kommt direkt aus dem Abgrund der Hölle.

So wie er an Hiob und Petrus heranwollte, so will der Satan auch an Sie – um Sie wie das Korn zu sieben. Aber zwei Dinge sollte jeder Christ wissen, wenn der Teufel wie ein brüllender Löwe ankommt:

1. Der Satan kann uns nicht nach Belieben angreifen. Gott hat um jedes seiner Kinder eine feurige Mauer gelegt, die der Teufel nicht ohne Gottes Erlaubnis durchbrechen kann. Gelegentlich läßt Gott eine Bresche in ihr zu – aber nur unter ganz bestimmten Bedigungen, nämlich um in uns einen unerschütterlichen Glauben wachsen zu lassen, um uns im Kampf zu schulen

und um seine Macht und Herrlichkeit auf Erden zu beweisen. Und jede Prüfung ist von dieser Verheißung begleitet: »Gott ist treu, der euch nicht versuchen läßt über eure Kraft, sondern macht, daß die Versuchung so ein Ende nimmt, daß ihr's ertragen könnt« (1. Kor 10,13).

2. Der Satan kann auch nicht die Gedanken der Christen lesen. Es gibt Menschen, die haben Angst zu beten, weil sie glauben, der Teufel höre dabei mit. Andere denken, er könne ihre Gedanken lesen. Aber das stimmt nicht! Gott allein ist allgegenwärtig und allwissend: »Ich, der HERR, bin es, der das Herz erforscht und die Nieren prüft ...« (Jer 17,10 Elbf.; vgl. Offb 2,23). »... es ist alles bloß und aufgedeckt vor den Augen Gottes, dem wir Rechenschaft geben müssen« (Hebr 4,13). Nur Gott kann unsere Gedanken lesen!

Aber der Teufel braucht auch gar nicht unsere Gedanken zu lesen, denn er kann unsere Handlungen lesen. Er paßt genau auf, wo wir hingehen und was wir tun. Er weiß es, wenn wir uns davonschleichen, um etwas Unrechtes zu tun. Er sieht unsere Schwächen und gibt uns die dazu passenden Lügen ein. Er hört es, wenn wir unsere Schwäche bejammern, und versucht, das Jammern zur Angst werden zu lassen.

Die Bibel fordert uns auf, aufzustehen, stark zu sein und den Kampf gegen Fleisch und Teufel aufzunehmen: »Wachet, steht im Glauben, seid mutig und seid stark!« (1. Kor 16,13).

»Seid stark in dem Herrn und in der Macht seiner Stärke« (Phil 6,10). »So sei nun stark ... durch die Gnade in Christus Jesus« (2. Tim 2,1). »Ich habe euch jungen Männern geschrieben; denn ihr seid stark, und das Wort Gottes bleibt in euch, und ihr habt den Bösen überwunden« (1. Joh 2,14).

In dem letzten Vers spricht der Apostel Johannes nicht zu 80jährigen gestandenen Männern Gottes, sondern zu noch jungen Kämpfern, die aber voll von Gottes Wort waren. Er sagt ihnen: »Weil ihr aufgestanden seid und Gottes Wort an euch geglaubt habt, habt ihr den Kampf gegen den Teufel gewonnen. Ihr habt in eurem Leben den Bösen überwunden!«

Lieber Leser, Gottes Wort ist nicht eine Schlappschwanzbibel und unsere Botschaft nicht ein Schlaffie-Evangelium. Gott sucht Kämpfer! Wir haben die Verheißung, daß wir den Kampf gewinnen werden – aber nur dann, wenn wir auch aufstehen und kämpfen. Die Bibel sagt, daß wir mehr als Überwinder sind, daß wir den totalen Sieg über die Macht des Satans erhalten.

Die Gotteskrieger des Alten Testaments waren Helden im Kampf gegen die satanischen Mächte. Sie »haben durch den Glauben Königreiche bezwungen, Gerechtigkeit geübt, Verheißungen erlangt, Löwen den Rachen gestopft, des Feuers Kraft ausgelöscht, sind der Schärfe des Schwertes entronnen, aus der Schwachheit zu Kräften gekommen, sind stark geworden im Kampf und haben fremde Heere in die Flucht geschlagen« (Hebr 11,33-34).

Aber heute? Viel zu viele Christen sind schwach und ohne Kraft, leichte Opfer für den Satan, der sie angreift, manipuliert und demütigt. Gott hat mir eine heilige Entrüstung gegen diese Widerstandslosigkeit der Christen gegeben. Ich glaube, es ist an der Zeit, daß aus Feiglingen wieder Kämpfer werden.

Die Geschichte von Gideon zeigt uns, wie Gott aus einem Schlaffie-Haufen eine schlagkräftige Armee machte. Ich glaube, wir können aus dieser Geschichte vier Schritte ableiten, wie man ein furchtloser Kämpfer gegen den Teufel wird:

Erster Schritt: »So geht es nicht mehr weiter!«

Wir müssen die Nase voll davon haben, uns vom Satan hetzen zu lassen und leer, freudlos und traurig durch das Leben zu gehen.

Das Buch der Richter berichtet uns: »Als dann die Israeliten wiederum taten, was dem HERRN mißfiel, gab der HERR sie sieben Jahre lang in die Hand der Midianiter; und die Hand der Midianiter lag schwer auf Israel« (Ri 6,1-2 Menge). Jedes Jahr zur Erntezeit zogen die Midianiter mit Tausenden von Kamelen, Schafen und Vieh über Israels Land. Die Tiere fraßen alles ratzekahl. »So wurde Israel sehr schwach vor den Midianitern« (V. 6). Sie mußten sich in Höhlen und Bergschluchten zurückziehen, halb verhungert und voller Angst. Es war der bisherige Tiefpunkt in Israels Geschichte.

Doch dann geschah etwas. Es begann mit Gideon und ergriff das ganze Volk: Israel wurde es müde, sich zu verstecken. Nach sieben langen Jahren war Gideon es satt, daß die Midianiter Israel so bedrängten. Ich sehe ihn vor mir, wie er an einem Berghang steht und auf die Nomadenstämme hinunterblickt.

Berittene Krieger plündern Israels Dörfer, greifen alles an, was sich bewegt. Und er sagt zu sich selbst: »Wie lange sollen wir uns das noch gefallen lassen? Sie durchziehen unser Land, und niemand hindert sie. Keiner unternimmt etwas. Es heißt, daß wir einen Gott haben, der für unsere Väter gekämpft hat. Aber jetzt – stehen wir nackt und hilflos da. Wir leben in ständiger Angst.«

Leider beschreibt dieses Bild das Leben der meisten Christen heute. Der Feind ist in ihr Land eingefallen und hat ihnen den Frieden geraubt. Mutwillig plündert er ihr Leben, ihre Familien – und sie lassen ihn gewähren und verstecken sich in einer dunklen Höhle der Depression und Bitterkeit. Sie schauen hilflos zu, wie der Satan immer neues Unglück über ihre Häuser bringt. Ihr Glaube, ihre Hoffnung, ihre Kraft, ihre Einstellung – alles liegt darnieder.

Genauso ging es Israel. Aber dann erhob sich etwas in Gideon, und er sagte das, worauf Gott gewartet hatte: »Das reicht! Wir dienen doch einem Gott, der mächtig ist und den Sieg behält. Warum lassen wir uns das hier Tag für Tag gefallen? Seit sieben Jahren verstecken wir uns und lassen die Midianiter machen, was sie wollen!«

Ich frage Sie: Wie ist das bei Ihnen? Wie tief hat der Teufel Sie hinuntergedrückt? Sind Sie deprimiert, bitter, voller Angst? Wann wachen Sie endlich auf und sagen: »Genug! Der Teufel hat mich und meine Lieben lange genug beraubt, so geht es nicht mehr weiter, das ist nicht Gottes Wille! Ich lasse es nicht zu, daß der Teufel mich noch mehr bestiehlt, mir reicht's!«

Gott wird erst dann handeln, wenn uns unser Elend bis zum Hals steht und wir entschlossen sind, daß es so nicht weitergehen darf.

Sie sagen jetzt vielleicht: »Bruder David, daß die Israeliten so unter die Räder geraten waren, lag doch an ihrer Sünde! Die Midianiter waren die Strafe für ihre Sünde.« Und das stimmt; Gott bestrafte sie für ihren Götzendienst. Aber die Bibel berichtet auch: »Da schrien die Israeliten zum HERRN« (Ri 6,6). Was genau das war, was Gott von ihnen wollte.

Vielleicht denken Sie: »Ich kann gar nicht gegen den Teufel kämpfen, ich büße doch für meine Sünde. Ich habe versagt. Ich bin in diesem Elend, weil der Teufel weiß, daß er mich in der Ecke hat!« Wenn das stimmt, dann tun Sie dasselbe wie damals

Israel: Schreien Sie zum Herrn! Wir dienen demselben Gott wie Israel, und wenn er den Hilfeschrei des götzendienerischen Israels hörte, wird er es auch hören, wenn Sie aus Ihrem Versagen heraus zu ihm rufen.

In dem Augenblick, wo wir zu Gott rufen, passiert etwas im Himmel. Wir mögen es nicht sehen können, aber Gott fängt an, uns seine Hilfe zu schicken!

Zweiter Schritt: Fort mit Angst und Unglauben!

Israel war in den Götzendienst gefallen, aber seine tiefste Sünde war der Unglaube, der alle möglichen Ängste hervorbrachte. Und so schickte Gott dem Volk einen Propheten, der eben diese Ursünde aufdeckte: »Als sie aber zum HERRN schrien um der Midianiter willen, sandte der HERR einen Propheten zu ihnen, der sprach zu ihnen: So spricht der HERR, der Gott Israels: Ich habe euch aus Ägypten geführt und aus der Knechtschaft gebracht und habe euch errettet aus der Hand der Ägypter und aus der Hand aller, die euch bedrängten, und habe sie vor euch her ausgestoßen und ihr Land euch gegeben und zu euch gesprochen: Ich bin der HERR, euer Gott! Ihr sollt nicht fürchten die Götter der Amoriter, in deren Land ihr wohnt. Aber ihr habt meiner Stimme nicht gehorcht« (V. 7-10).

Was war Gottes Botschaft? »Ich habe euch befohlen, keine Angst zu haben, aber ihr habt mir nicht gehorcht und Angst gehabt. Ich kann mein Werk nicht beenden, bevor ihr euch nicht von euren Ängsten frei gemacht habt!«

Dieser Prophet sagte den Israeliten: »Was seid ihr für ein Haufen Feiglinge! Ihr verkriecht euch, anstatt aufzustehen und zu kämpfen, ihr habt schon aufgegeben. Aber ihr habt doch einen Gott, der retten kann. Er hat euren Vätern große Siege geschenkt, wenn sie ihm vertrauten, und er hat versprochen, auch euch zu befreien – aber ihr glaubt ihm nicht! Er hat eure Väter aus der Sklaverei geführt und alle ihre Feinde besiegt – wie könnt ihr da so feige sein?«

Mose hatte Israel eingeschärft: »... fürchte dich nicht vor ihnen ... Euer Herz verzage nicht, fürchtet euch nicht und erschreckt nicht und laßt euch nicht grauen vor ihnen ...« (5. Mose 20,1-3). Mit anderen Worten: »Gott ist mit uns, und deshalb habt ihr keinen Grund, Angst zu haben. Habt keine

Angst, daß der Feind euch zu Fall bringen wird!« Doch viele Christen haben panische Angst, daß der Teufel sie ruinieren wird – Angst, daß sie einen Fehler machen oder zurück in ihre Sünde gehen und daß der Teufel seinen Kopf durchsetzt. Aber dies ist eine Lüge aus dem Abgrund der Hölle! Die Bibel sagt, daß wir keine Angst zu haben brauchen auf unserem Lebensweg.

Wenn ich meine Angst festhalte, wird sie ansteckend, jeder um mich herum bekommt sie auch. Mose schickte die Krieger, die Angst hatten, nach Hause: »Wer sich fürchtet und ein verzagtes Herz hat, der mache sich auf und kehre heim, auf daß er nicht auch das Herz seiner Brüder feige mache, wie sein Herz ist« (5. Mose 20,8). Er sagte: »Geht nach Hause, damit ihr nicht denen, die in den Kampf ziehen, den Sieg nehmt.«

Als Gideon seine Armee zusammenstellte, befahl Gott ihm ebenfalls, die ängstlichen Soldaten nach Hause zu schicken: »Wer ängstlich und verzagt ist, der kehre um … Da kehrten vom Kriegsvolk zweiundzwanzigtausend um, so daß nur zehntausend übrigblieben« (Ri 7,3). Zweiundzwanzigtausend Schlaffies kehrten um, zitternd vor Angst vor den Mächten der Hölle. Aber Gott sprach zu Gideon: »Ich brauche Männer, die Mumm haben. Laß die Angsthasen nach Hause gehen und beten, bis sie ein richtiges Rückgrat haben.«

Die gleichen Worte richtet Gott heute an seine Gemeinde. Er fragt uns: »Warum habt ihr Angst? Warum begeht ihr die Sünde, mir nicht zuzutrauen, daß ich Sieg in euer Leben bringen kann? Ich habe doch versprochen, jede Macht der Finsternis, die gegen euch zieht, zu besiegen!«

Aber es gibt Christen, die ändern sich nie. Sie können nicht leben ohne ihr Lieblingsgrummeln und -jammern. Sie sind süchtig auf das Negative. Sie klingen exakt so wie die Welt draußen, ihre Gespräche drehen sich um Scheidungen, Betrugsfälle, Familienprobleme, Probleme in der Firma, Krankheit und wer gerade in welchem Krankenhaus liegt, wessen Kinder im Gefängnis sind, welcher Ehemann ein Trinker ist, welche Sekretärin mit welchem Chef durchgebrannt ist. Sie wissen buchstäblich nicht, worüber sie sonst reden sollen.

Wer aber den Herrn sucht, der wird durch sein Wort im Glauben aufgebaut: »So kommt der Glaube aus der Predigt, das Predigen aber durch das Wort Christi« (Röm 10,17). Hier ist

Gottes Wort für alle, die seinen Namen anrufen: »Fürchte dich nicht, ich bin mit dir; weiche nicht, denn ich bin dein Gott. Ich stärke dich, ich helfe dir auch, ich halte dich durch die rechte Hand meiner Gerechtigkeit... Die mit dir hadern, sollen werden wie nichts, und die wider dich streiten, sollen ein Ende haben« (Jes 40,10-12). »Gelobt sei der Herr, der Gott Israels! Denn er hat besucht und erlöst sein Volk ..., daß wir, erlöst aus der Hand unsrer Feinde, ihm dienten ohne Furcht unser Leben lang in Heiligkeit und Gerechtigkeit vor seinen Augen« (Lk 1,68.74-75).

Gott sagt, daß wir ohne Angst und in Sieg und Gerechtigkeit leben können – unser ganzes Leben lang!

Dritter Schritt: Weg mit der Sünde, die an uns klebt!

»Und in derselben Nacht sprach der HERR zu ihm: ... reiße nieder den Altar Baals, der deinem Vater gehört, und haue um das Bild der Aschera, das dabeisteht« (Ri 6,25).

Gideons Vater, Joasch, hatte große Steinstatuen des Baal und der Göttin Aschera errichtet. Er dachte sich: »Baal hat den Midianitern Macht über uns gegeben. Vielleicht gibt er uns auch Macht, wenn wir ihn anbeten.« Von weit her kamen Menschen – auch Midianiter und Moabiter –, um diese Götzenbilder anzubeten. Sie waren eine Festung der Finsternis in Israel.

Aber Gott sagte Gideon: »Ich werde Israel nicht erretten, solange du nicht dieses Götzenbilder, die zwischen uns stehen, beseitigt hast. Reiß sie um!« Und so nahm sich Gideon bei Nacht und Nebel »zehn Mann von seinen Leuten und tat, wie ihm der HERR gesagt hatte« (V. 27). Er brauchte einen Ochsen und Seile, um die Standbilder niederzureißen.

Heute richtet Gott an seine Kirche die gleiche Botschaft: »Ich will euch helfen – aber das geht nicht, wenn ihr mir nicht vertraut. Ihr seid voller Angst, und bevor ich euch die Errettung bringe, müßt ihr zuerst diese Götzenfestung, diese Sünde, die an euch klebt, niederreißen.« »... laßt uns ablegen alles, was uns beschwert, und die Sünde, die uns ständig umstrickt ...« (Hebr 12,1). Wir müssen die Festungen der Angst und der Sünde schleifen.

Simeon benutzte einen starken Ochsen. Wir haben Waffen, die noch viel stärker sind: »Denn die Waffen unsres Kampfes sind nicht fleischlich, sondern mächtig im Dienste Gottes, Festungen zu zerstören. Wir zerstören ... und nehmen gefangen ...« (2. Kor 10,4-5).

Es gibt nur einen Weg, meine Sünde niederzureißen: »... erbaut euch auf euren allerheiligsten Glauben, und betet im Heiligen Geist ... der euch vor dem Straucheln behüten kann und euch untadelig stellen kann vor das Angesicht seiner Herrlichkeit mit Freuden« (Jud 20.24). Aller Sieg kommt aus dem Gebet des Glaubens, also einem Gebet, das nicht kalt und leer ist, sondern das im Geist geschieht und an Gottes Antwort glaubt: »Betet allezeit mit Bitten und Flehen im Geist ...« (Eph 6,18).

Lieber Leser, wenn Sie so beten, gibt Gott Ihnen den Sieg. Aber Sie müssen immer wieder vor ihn treten und im Heiligen Geist gegen Ihre Sünde beten. Jeder Augenblick, den Sie im Gebet zubringen, reißt einen weiteren Stein aus Ihrem Götzenbild heraus. Sie werden bald sehen, wie es kleiner und schwächer wird, und eines Tages wachen Sie auf und stellen fest, daß es für immer umgefallen ist, tot, weg.

Vierter Schritt: Selber gegen den Satan kämpfen!

Wir müssen lernen, selber unsere Kämpfe auszufechten. Wir können unsere Errettung nicht von anderen Menschen erwarten.

Vielleicht haben Sie einen Freund, der ein großer Beter ist und den Sie jederzeit bitten können: »Ich stehe hier vor einem Kampf. Kannst du bitte für mich beten? Ich weiß ja, daß du einen direkten Draht zu Gott hast.« Das ist in Ordnung – aber es ist nicht Gottes ganzer Wille für Sie. Gott will, daß Sie selber ein Kämpfer werden, selber fähig sind, dem Teufel Widerstand zu leisten.

Gott versprach Gideon: »Ich will mit dir sein, daß du die Midianiter schlagen sollst wie *einen* Mann« (Ri 6,16). Also: »Ich sende dich, und ich bin mit dir!«

Doch dann begannen die Stadtbewohner den »Übeltäter« zu suchen, der die Götzenbilder umgerissen hatte. »Und als sie suchten und nachfragten, wurde gesagt: Gideon, der Sohn des Joasch, hat das getan. Da sprachen die Leute der Stadt zu Joasch: Gib deinen Sohn heraus; er muß sterben, weil er den Altar Baals niedergerissen und das Ascherabild daneben umgehauen hat« (V. 29-30).

Aber wo war Gideon? Er hatte sich versteckt; er war sich noch nicht sicher, ob Gott wirklich mit ihm war. Er sagte: »Ist der HERR mit uns, warum ist uns dann das alles widerfahren? Und wo sind alle seine Wunder, die uns unsere Väter erzählten ...?« (V. 13).

Gerade so ist es bei vielen von uns auch. Jesus hat uns verheißen: »Ich bin bei euch alle Tage ...« (Mt 28,20), aber wir haben es immer noch nicht gelernt, uns auf sein Wort zu stellen und zu kämpfen. Statt dessen schauen wir auf alle unsere Schwächen und denken: »Wenn Gott wirklich mit mir ist, wo sind dann seine Wunder? Wo bin ich denn stark? Die Lust plagt mich immer noch, in meiner Familie hat sich nichts verändert. Gott, wenn du bei mir bist, warum ändert sich dann nichts?« Die Änderung wird kommen – sobald ich voll davon überzeugt bin, daß Gott mit mir ist, daß er zu mir spricht und daß er mir alles zeigen wird, was ich wissen muß.

Bevor Gideon in den Kampf zog, sagte Gott ihm alles, was nötig war. Er verkleinerte sein Heer, bis von 32 000 Männern nur noch 300 übrig waren. Aber mehr brauchte Gott nicht. Von den Hängen herunter kamen sie über ihre Feinde, laut schreiend, Krüge zerbrechend und Trompeten blasend. Und die Midianiter nahmen die Beine in die Hände und flohen (Ri 7,21).

Gott wird auch Ihnen zeigen, wie Sie mit Ihrem Problem fertig werden. Er wird Ihnen sagen, wie der Sieg kommen wird, und Ihnen alle Einzelheiten geben, die nötig sind. Aber zuerst sagt er: »Ich warte, bis du ganz gewiß bist, daß ich mit dir bin. Ich warte, bis du mir ganz vertraust!«

Und genau das tut der Krieger Gottes! Er ist entschlossen zu siegen, er treibt jede Furcht aus, er reißt seine Sünde durch Gebet nieder. Und dann stellt er sich auf Gottes Wort und macht sein Herz bereit, Gottes Sieg zu empfangen.

Lieber Heiliger, Sie sind stärker als Sie denken. Sie mögen sich wie Gideon fragen: »Wie kann ich denn kämpfen? Ich bin so schwach und unerfahren.« Aber Gott sagte Gideon: »Geh hin in dieser deiner Kraft« (6,14). »Was für einer Kraft?« mögen Sie fragen. »Gideon hatte doch keine Kraft, er war ein Feigling.« Die Quelle von Gideons Kraft war Gottes Wort an ihn: »Ich werde mit dir sein.«

Genau dieses Wort – »Ich bin mit dir« – ist auch Ihre Kraft, und Sie erhalten diese Kraft, indem Sie glauben, daß dieses Wort wahr ist, und entsprechend handeln. Sie können es felsenfest wissen, daß Gott mit Ihnen ist, daß sein Geist Sie von allen Seiten umgibt. Egal, was der Teufel gegen Sie auffährt, Sie können ihn mit Gottes Sieg und Macht überwinden – weil Gott gesagt hat: »Ich bin mit dir.« Das ist Ihre Kraft!

Kapitel 15

Das Evangelium der Gnade

Auf der Siegerstraße

»Da wir nun gerecht geworden sind durch den Glauben, haben wir Frieden mit Gott durch unsern Herrn Jesus Christus; durch ihn haben wir auch den Zugang im Glauben zu dieser Gnade, in der wir stehen, und rühmen uns der Hoffnung der zukünftigen Herrlichkeit, die Gott geben wird … Denn wenn wegen der Sünde des Einen der Tod geherrscht hat durch den Einen, um wieviel mehr werden die, welche die Fülle der Gnade und der Gabe der Gerechtigkeit empfangen, herrschen im Leben durch den Einen, Jesus Christus« (Röm 5,1-2.17).

Wissen Sie noch, wie Ihr Leben war, bevor Sie es an Christus übergaben? Sie waren ein Feind Gottes, der in Blindheit lebte, eine verlorene Seele ohne Hoffnung. Sie waren gottlos und schuldbeladen, und der Zorn Gottes war über ihnen (vgl. Joh 3,36).

Wie kam es, daß Gott Ihnen vergab und Sie annahm? Wie bekamen Sie diese selige Gewißheit, errettet zu sein, diese ungeheure Freude über die Liebe Jesu Christi? Weil Gott etwas Gutes in Ihnen gesehen hatte, eine angeborene Gerechtigkeit, die ihm wohlgefiel? Hatten Sie sich seine Güte durch Freundlichkeit und Gehorsam erarbeitet?

Nein, hundertmal nein! Es ist noch niemand durch seine eigenen Leistungen oder Verdienst gerettet worden. Die Bibel sagt: »Aber nun sind wir alle wie die Unreinen, und alle unsere Gerechtigkeit ist wie ein beflecktes Kleid« (Jes 64,5). Nur durch den Glauben an das Blut, das Jesus Christus für uns vergoß, wird unser Sündenregister ausgelöscht und werden wir mit Gott versöhnt. Allein durch Gnade werden wir gerettet, und nicht durch irgend etwas, was wir getan haben.

Die theologische Definition von »Gnade« lautet: »die nicht verdiente Vergebung, Barmherzigkeit und Zuwendung Gottes«. Die Schrift sagt: »Durch ihn aber seid ihr in Christus Jesus, der uns von Gott gemacht ist zur Weisheit und zur Gerechtigkeit und zur Heiligung und zur Erlösung« (1. Kor 1,30).

Bitte lassen Sie sich nicht abschrecken von all den Ausdrükken in diesem Vers. Einfach formuliert, ist das Ziel des Evangeliums unsere Erlösung, und Gottes Gnade schließt alles ein, was er für uns durch Christus getan hat, um uns aus der Macht des Teufels zu befreien und in das Reich seines herrlichen Lichtes zu bringen.

Der Eckstein der Gnade ist die Gerechtigkeit bzw. Rechtfertigung. Daß Gott uns »rechtfertigt«, bedeutet, daß er uns von all unserer Schuld und Sünde freispricht und als in seinen Augen heilig und gerecht betrachtet. Niemand kann heilig und gerecht werden durch seine eigenen Leistungen, Gehorsam oder Treue; vielmehr sind all diese Dinge das Ergebnis eines rechtfertigenden Glaubens an die Kraft des Blutes Christi, uns vor Gott gerecht zu machen: »Denn aus Gnade seid ihr selig geworden durch Glauben, und das nicht aus euch: Gottes Gabe ist es, nicht aus Werken, damit sich nicht jemand rühme« (Eph 2,8-9). »... sind auch wir zum Glauben an Christus Jesus gekommen, damit wir gerecht werden durch den Glauben an Christus und nicht durch Werke des Gesetzes; denn durch Werke des Gesetzes wird kein Mensch gerecht« (Gal 2,16).

Hier ist das Fundament des Glaubens, das jeder Gläubige ganz verstehen muß. Unser ganzes Leben mit Gott hängt davon ab: Ich kann nicht Frieden mit Gott haben, wenn ich nicht weiß, wie ich vor ihm gerecht werde. Ich muß voll davon überzeugt sein, daß ich nicht aufgrund meiner eigenen Anstrengungen mit Gott im reinen bin, sondern weil ich fest an den Sieg des Kreuzes Jesus glaube!

Der Apostel Paulus wollte nicht in seiner eigenen Gerechtigkeit vor Christus stehen. Dabei war er ein guter Mensch – ein Pharisäer, der all die vielen Regeln und Vorschriften des jüdischen Gesetzes vorbildlich eingehalten hatte. Er hatte treu seinen Zehnten gegeben, war in alle Synagogengottesdienste gegangen, hatte mit größtem Fleiß das Wort Gottes studiert, hatte Gott und seinen Nächsten geliebt und Gutes getan. Nach dem jüdischen Gesetz war Paulus vollkommen.

Aber all das betrachtete Paulus nur noch als Dreck, als er die Gerechtigkeit Christi erkannte: »Aber was mir Gewinn war, das habe ich um Christi willen für Schaden erachtet … und ich erachte es für Dreck, damit ich Christus gewinne und in ihm gefunden werde, daß ich nicht habe meine Gerechtigkeit, die aus dem Gesetz kommt, sondern die durch den Glauben an Christus kommt, nämlich die Gerechtigkeit, die von Gott dem Glauben zugerechnet wird« (Phil 3,7-9).

Die Rechtfertigung durch den Glauben ist die härteste Nuß für unser altes Ich!

Es gibt viele ehrliche Gläubige, die immer noch nicht die Rechtfertigung durch Christus angenommen haben und lieber durch ihre guten Werke Punkte bei Gott sammeln wollen. O ja, sie erkennen die Erlösung durch den Glauben an – aber den Rest wollen sie selber übernehmen.

Etwas in unserem Fleisch rebelliert gegen das Leben im Glauben. Wir wollen uns unsere Erlösung verdienen, Gott Hilfestellung leisten. Erlösung durch den Glauben – schön; aber *leben* im Glauben, das wollen wir nicht. Unser altes Ich ruft: »All mein Gehorsam, all meine Arbeit für Gott – es muß doch etwas zählen!« Und es zählt auch etwas, aber es bringt uns nicht Gottes Vergebung.

Wir wollen es einfach nicht akzeptieren, daß wir »einfach so« durch den Glauben vor Gott gerecht werden. Lieber beißen wir tapfer in den sauren Apfel, und wenn die Versuchung über uns kommt, pressen wir durch unsere Zähne: »Ich krieg den Sieg, und wenn ich kaputtgehe dabei!« (Und wir werden kaputtgehen!)

Aber das ist nicht der Weg zum Sieg. Gehorsam und Treue sind das Ergebnis davon, daß man fest auf dem Felsen der Rechtfertigung allein durch den Glauben steht. Paulus sagte über gewisse Leute, »daß sie Eifer für Gott haben, aber ohne Einsicht. Denn sie erkennen die Gerechtigkeit nicht, die vor Gott gilt, und suchen ihre eigene Gerechtigkeit aufzurichten und sind so der Gerechtigkeit Gottes nicht untertan. Denn Christus ist des Gesetzes Ende; wer an den glaubt, der ist gerecht« (Röm 10,2-4).

Diese Menschen versuchten, »ihre eigene Gerechtigkeit aufzurichten«. Wir kennen den Fachausdruck für solches Bemühen: »Gesetzlichkeit«. Die meisten Christen mißverstehen diesen Ausdruck; selbst die meisten Pastoren wissen nicht, was er eigentlich bedeutet. Ich glaubte lange, daß es bei der Gesetzlichkeit um selbstgemachte Regeln und Paragraphen von aufrichtigen Christenmenschen geht, die versuchen, besonders rein zu leben: Wie muß ein Christ sich kleiden, was hat er alles zu beachten? Aber nein – Gesetzlichkeit geht viel tiefer!

Als ich ein Junge war, hörte ich die Strafpredigten der Evangelisten gegen die »Sünden« jener Tage: Bubiköpfe bei Frauen, offene Schuhe, Make-up, allzu schicke Kleider. »Heiligungspredigten« nannte man das – und was »heilig« und »unheilig« war, änderte sich mit jeder neuen Mode. Und ich dachte, daß sei also Gesetzlichkeit.

Als ich vor über dreißig Jahren zum ersten Mal nach New York City kam, schockierte mich die strikte Paragraphenreiterei in den hispanoamerikanischen Pfingstgemeinden. Unsere Leute gingen auf die Straße, beteten mit Drogensüchtigen und versuchten, sie in Gemeinden aus der Nachbarschaft einzuführen. Aber wenn dann ein frischbekehrtes Mädchen Jeans oder Make-up trug, kam gleich der Pastor hinausgesaust: »So kannst du hier nicht rein!« Ein Pastor sagte einem jungen Mädchen: »Geh nach Hause und zieh dich wie eine Frau an, dann darfst du wieder kommen. Wir dulden nichts Weltliches in dieser Gemeinde!« Wieder dachte ich: Das ist Gesetzlichkeit.

Ein junges Ehepaar aus England, das unseren Rundbrief erhielt, fing an, die Cassetten unserer Gottesdienste in der Times Square Church zu hören. Sie gewannen die Heiligungspredigten lieb und statteten uns einen persönlichen Besuch ab. Aber als ich nach dem Gottesdienst zu ihnen kam, schauten sie mich schokkiert und mit Tränen in den Augen an. Sie waren entrüstet darüber, daß bei uns die Frauen im Gottesdienst keine Kopfbedeckung trugen. Sie sagten: »Wie kann der Heilige Geist bei euch am Werk sein, wenn eure Frauen Gottes Gebot, ihr Haupt zu bedecken, nicht befolgen?« Ich hielt auch das für Gesetzlichkeit.

Im ganzen Land werden Gebetskreise hin und her gerissen zwischen immer neuen Regeln und Gesetzen, die der nächste durchreisende Prediger mitgebracht hat. Der eine sagt ihnen: »Ihr müßt beim Beten knien; Gott erhört nur kniende Beter.« Der nächste tönt: »Ihr müßt beim Beten sitzen; Knien ist katholisch!« Der eine sagt: »Bei der Bibellesung müßt ihr stehen; man beleidigt Gott, wenn man sitzen bleibt, wenn sein Wort vorgelesen wird!« Ein anderer erklärt: »Das ist fromme Sklaverei! Bei Jesus durften die Leute sitzen, wenn er das Wort predigte.«

Ich dachte, all dies sei Gesetzlichkeit. Und zweifellos sind es lauter menschengemachte Gesetze. Aber dies ist nur ein Teil der Gesetzlichkeit, und es ist nicht ihr Zentrum. Gesetzlichkeit ist noch viel schlimmer als alle diese Regeln zusammen. Wir alle haben etwas vom Sauerteig der Gesetzlichkeit in unserem Herzen – denn Gesetzlichkeit gründet auf Stolz!

Gesetzlichkeit – die große Frömmigkeitsfassade

Das Herz der Gesetzlichkeit ist der Wunsch, heilig zu erscheinen. Der Gesetzliche versucht, vor den Menschen – und nicht vor Gott – gerecht zu sein. Er will der geachtete Prophet, die große Beterin werden – und sich an diesem Image weiden.

Der Gesetzliche ist nicht so sehr darauf aus, sich seine Erlösung bei Gott zu verdienen, sondern vor seinen Mitmenschen schön fromm zu erscheinen. Seine Mitchristen sollen ihn für einen tiefgläubigen, ernsten Christusjünger halten, der sein

Letztes für Gott gibt. »Ich bin ein frommer Mensch, und das sollen alle sehen!«

Wir sehen dies bei den sieben Pharisäer-Typen, die die jüdischen Talmud-Autoren auflisten, darunter die folgenden:

- Die Sichemiten. Diese Pharisäer versuchten, ihre Frömmigkeit durch lange, öffentliche Gebete zu beweisen – aber so ganz nebenbei erleichterten sie Witwen um ihren Besitz!
- Die Stolperer. Sie wagten es in ihrer Scheindemut nicht, ihre Füße vor einem heiligen Gott hochzuheben, und liefen nicht normal, sondern schlurften in einem Arme-Sünder-Gang daher.
- Die Bluter. Sie wagten nicht, ihren Blick zu erheben, um nicht womöglich etwas Böses zu sehen. Folglich liefen sie dauernd gegen Mauern und andere Hindernisse. Je mehr sie davon bluteten, um so heiliger kamen sie sich vor.

Lieber Leser, diese Menschen gibt es in jeder Gemeinde! Sie machen ein überernstes, trauriges, »heiliges« Gesicht. Manche trauen sich nicht einmal, ihre Hände zum Lobpreis zu erheben oder zu klatschen oder sich zu freuen. Sie glauben, in tiefer Gemeinschaft mit Gott zu leben, hoch über dem unheiligen Rest der Welt. Sie sitzen in tiefes Nachsinnen versunken da, ihre Lippen bewegen sich lautlos. »Alle ihre Werke aber tun sie, damit sie von den Leuten gesehen werden« (Mt 23,5).

Wie Gott mir meine eigenen Gesetzlichkeitsspielchen zeigte

Letztes Jahr verbrachten meine Frau Gwen und ich mit einem befreundeten Ehepaar aus Texas, Dr. und Mrs. Rice, einen Urlaub in einem Hotel in Florida. Nachdem wir uns mehrere Tage lang Disney World angesehen hatten, wollten wir uns ein wenig erholen, und als wir so in der Lobby des Hotels standen, schlug Gwen eine Partie Domino auf dem Zimmer der Rices vor.

Die Rices hatten mich immer für einen rechten Christenmenschen gehalten, und jetzt fiel mir auf einmal ein, daß sie ja in der ganzen Woche nicht einmal gesehen hatten, wie ich mich zum Beten zurückzog. Was würden sie von mir denken, wenn das so weiterging?

Und ich sagte ihnen: »Äh ... Für Domino hab ich gerade keine Zeit. Ich muß mal auf mein Zimmer und mit Gott reden.

Ihr könnt ja auch ohne mich spielen.« Was ich wirklich meinte, war natürlich: »Ich habe nicht so viel Zeit zu verplempern wie ihr weltlichen Erdenwürmer. Spielt ihr ruhig mit euren Dominosteinen; dieser Prophet Gottes geht jetzt ins Gebetskämmerlein zu seinem Gott.« (Mal ehrlich: Wie kann ein Mensch sich seines Dominospiels freuen, wenn er weiß, daß nebenan ein Heiliger auf den Knien liegt und Gott bestürmt?)

Als ich unser Zimmer betrat, war es etwa acht Uhr abends. Ich dachte: »Ich gucke mir eben die Nachrichten im Fernsehen an, eine halbe Stunde nur, und dann bete ich.« Eine Nachrichtenstunde später kündigte die Programmvorschau einen Film über Aufstieg und Fall von Adolf Hitler an. Ich begriff sofort: »Das ist was zum Thema Prophetie, das muß ich sehen!«

Um Viertel vor zehn, als Hitler fertig aufgestiegen und gefallen war, hörte ich, wie Gwen den Gang entlang kam. Ich sprang auf, schaltete Fernseher und Licht aus und fiel vor dem Bett auf meine Knie! Als Gwen hereinkam, sah sie, wie ihr frommer Ehemann sich langsam erhob, gerade so, als habe er zwei Stunden lang gebetet. Ich schaute ergeben zu ihr hin, rieb mir über die Augen und sagte: »Schatz, ist unser Herr nicht groß?«

Ich hoffe, Sie können über diese Geschichte genauso laut lachen wie meine Gemeinde, als ich sie in der Predigt brachte. Und ich hoffe, daß dieses Lachen Ihnen die Wahrheit in ihre Seele hineintreibt: Wir alle machen unsere Fassadenspielchen, um schön fromm vor den anderen dazustehen! Ich glaubte damals, mein Image als Mann Gottes pflegen zu müssen – und das ist Gesetzlichkeit von der schlimmsten Sorte.

Tatsache ist: Menschen, die wirklich die Gerechtigkeit Christi haben, brauchen keine Fassaden zu pflegen. Sie sind ganz normale Menschen, die weinen und lachen und sich über Jesus und die Gemeinschaft der Heiligen freuen können. Sie nehmen Teil an den Lasten und Nöten ihrer Mitmenschen und schweben nicht dauernd über den Wolken.

Wir alle schauen auf das Äußere – aber Gott sieht das Herz an! Wir alle müssen herunter von unserem hohen Frömmigkeitsroß und ehrlich und echt werden, so, wie Gott uns sieht. Nur so können wir wirklich Gemeinschaft mit ihm und untereinander haben.

Gesetzlichkeit modern: die billige Gnade

Die Predigt der Gnade, wie sie heute in vielen Kirchen erfolgt, bringt Scheinchristen hervor, die weiter für ihr Vergnügen leben und tief in Sünde stecken. Heute leben Tausende wie der Teufel – und behaupten munter, sie seien durch den Glauben in Christus gerechtfertigt. Lieber Leser, dergleichen ist eine Lüge aus der Hölle; diese Menschen sind verblendet und betrogen!

Vor einigen Jahren fuhr ich sonntags immer an einer Kirche vorbei, in der »die volle Gnade Gottes« gepredigt wurde. Vor der Kirche standen die Gemeindeältesten und rauchten; einigen sah man noch den Kater vom vergangenen Samstagabend an. Mehrere dieser Männer waren stadtbekannte Ehebrecher, andere schlugen ihre Frauen oder waren wegen ihrer unehrlichen Geschäftspraktiken berüchtigt. Aber aufgrund der »Gnadenbotschaft«, die sie in dieser Kirche hörten, bildeten sie sich ein, vor Gott schon recht zu sein, egal, wie sie lebten.

Dabei war der Pastor dieser Kirche ein rechtschaffener Mann; ich kannte ihn persönlich. Aber er predigte nicht das ganze Evangelium! Einmal sagte er mir: »David, ich glaube an ein Leben in der Gerechtigkeit, wirklich. Wenn jemand die Gerechtigkeit Christi hat, dann bekommt er auch das Verlangen, rein und heilig zu sein.« Ich mußte denken: »Augenblick mal – jetzt predigst du diese Leute seit acht Jahren an, aber wer von ihnen hat angefangen, ein reines Leben zu führen? Warum hat dein ›Gnadenevangelium‹ nicht eine Gemeinde hervorgebracht, die wirklich mit Gott geht und anders ist als die Welt? Warum gibt es bei euch immer noch so viele Scheidungen, so viele Teenager mit unehelichen Kindern? So viele bei euch leben nach wie vor für den Teufel. Sie sind auf dem Weg zur Hölle – und du weißt das!«

Ich predige ohne Wenn und Aber, daß wir allein durch den Glauben vor Gott gerechtfertigt werden. Der Glaube an das Blut Christi erlöst mich, macht mich gerecht und bewahrt mich; das ist der Grundstein des Evangeliums und jeder echten Gnadenpredigt. Aber nicht jeder Glaube macht mich gerecht! Die Bibel unterscheidet klar zwischen zwei Arten von Glauben – einem rettenden Glauben und einem wertlosen Glauben, den selbst der Teufel hat.

Die Bibel berichtet uns, daß viele Menschen an Jesus »glaubten«, als »sie die Zeichen sahen, die er tat. Aber Jesus vertraute sich ihnen nicht an; denn er … wußte, was im Menschen war« (Joh 2,23-25). Diese Menschen hatten einen Glauben an Christus, aber es war nicht der Glaube derer, die Macht bekommen, »Gottes Kinder zu werden« (Joh 1,12).

Der Glaube, der gerecht macht, ist mehr als ein bloßes zustimmendes Für-wahr-halten. Jakobus schreibt dazu: »Du glaubst, daß es nur einen einzigen Gott gibt? Gut und schön. Aber das glauben sogar die Dämonen – und zittern vor Angst« (Jak 2,19 Hfa). Jakobus spricht hier über einen vorübergehenden, toten Glauben, der nicht in Ewigkeit besteht. Auch Jesus hat vor diesem Glauben gewarnt: »… sie haben keine Wurzel; eine Zeitlang glauben sie, und zu der Zeit der Anfechtung fallen sie ab« (Lk 8,13).

Aber es gibt auch den Glauben, der gerecht macht (Röm 10,10) und das Herz reinigt (vgl. Apg 15,9). Der große puritanische Theologe John Owen sagt zu Recht: »Wir verneinen mit aller Schärfe, daß wir gerechtfertigt werden durch den Glauben, der für sich allein sein kann, d.h. ohne ein Fundament des Lebens und Gehorsams in allen Dingen und zu aller Zeit … Wir halten dafür, daß kein Glaube heiligmachend ist als allein der, der allezeit den Gehorsam einschließt, ja wir erkennen keinen Glauben als rechtfertigend an, der nicht in sich selbst ein geistlich lebendiges Prinzip des Gehorsams und der guten Werke ist.«

Es gibt keinen rechtfertigenden Glauben ohne den Wunsch, Gott zu gehorchen und ihm treu zu sein. In diesem Glauben steckt eine Lebenskraft – eine Triebkraft des totalen, ewigen Liebesgehorsams zu Gott. Alles andere ist ein toter, bloß vorübergehender Glaube, der nicht die Früchte der Gnade hervorbringt, ja der diese Gnade verspottet.

Viele Prediger der »billigen Gnade« schieben das Gesetz zur Seite, bevor es uns unsere Sünde zeigen kann

Das Gesetz kann uns nicht retten – aber es zeigt uns, was für Sünder wir sind. »Denn durch das Gesetz kommt Erkenntnis der Sünde« (Röm 3,20). Gott hat es uns gegeben, »damit allen der Mund gestopft werde und alle Welt vor Gott schuldig sei« (V. 19). Es ist »unser Zuchtmeister (Hfa: »strenger Erzieher«)

gewesen auf Christus hin, damit wir durch den Glauben gerecht würden« (Gal 3,24).

»Demnach ist das Gesetz an sich ... heilig, gerecht und gut. Dann hat mir also das Gute den Tod gebracht? O nein! Das hat vielmehr die Sünde getan: sie sollte als Sünde zutage treten, indem sie mir durch das Gute den Tod brachte; sie sollte sich eben durch das Gebot als über alle Maßen sündig erweisen« (Röm 7,12-13 Menge). Paulus sagt also: »Ich konnte meine Sünden erst bekennen, als ich überhaupt wußte, daß es Sünden waren! Ich konnte erst nach der Heiligkeit Gottes streben, als ich sah, wie weit weg von ihm ich war. Als ich durch seine Gebote erkannte, wie heilig Gott ist, begriff ich erst die ganze Schwere der Sünde.«

Dies ist die Sündenerkenntnis, die einen direkt in die Arme Christi treibt, die einen ausrufen läßt: »Gott, erbarme dich! Ich kann mich nicht selber erlösen, ich kann dein Gesetz nicht halten, ich weiß, wie schwarz mein Herz ist!« Eine Definition von »Glaube« ist: »Das Sichflüchten eines bußfertigen Sünders in die Gnade Gottes in Christus Jesus«. Nur jemand, dem im Licht von Gottes Gesetz seine ganze Sünde bewußt geworden ist, flüchtet sich in Christi Gnadenarme.

In seiner Pfingspredigt bot Petrus der Menge das Evangelium von der Gnade Gottes an. Aber zuerst ließ er das gleißende Licht des Gesetzes auf sie fallen. Er legte den Finger auf ihre Sünde: »... diesen Mann (Jesus) habt ihr durch die Hand der Heiden ans Kreuz geschlagen und umgebracht« (Apg 2,23). Den Menschen ging das durchs Herz; voll getroffen vom Wort Gottes riefen sie: »Was sollen wir tun?« (V. 37).

Adam erhielt das Evangelium der Gnade, nachdem ihm die Augen aufgegangen waren (vgl. 1. Mose 3,7). Erst nachdem er gesehen hatte, in was für eine furchtbare Lage ihn seine Sünde gebracht hatte, brachte Gott ihm die Hoffnungsbotschaft der Gnade (1. Mose 3,15).

Warum kann die heutige Botschaft von dem nur lieben Gott keine Herzen verändern? Weil sie uns nicht die Augen für die Sünde öffnet! In ihr gibt es keine Schuld, keine Scham, keine Reue über unsere Sünde. Statt dessen bietet man Menschen Vergebung an, die noch nicht einmal zugeben, daß sie Sünder sind. Man predigt ihnen die Erlösung, obwohl sie gar nicht wissen, daß sie gebunden sind, sagt ihnen eine Gerechtigkeit zu, nach der sie nicht hungern und dürsten, und proklamiert die große Freiheit von einem heiligen Zorn, von dem sie gar nicht wissen, daß er auf ihnen ruht …

Der Geist der Gesetzlosigkeit

Der Sünder nennt es »Rechte«: Das Recht, seine Homosexualität zu praktizieren. Das Recht auf Abtreibung. Das Recht darauf, sich sexuell auszuleben, sobald man erwachsen ist. Kurz: das Recht, alles zu tun, was einem beliebt! Der Sünder besteht auf all diesen Rechten – aber die Konsequenzen tragen, das will er nicht. Dies ist der Geist der Gesetzlosigkeit.

Dieser Geist dringt heute in die Kirche ein. »Gib mir volle Vergebung und das ewige Leben, aber es darf bitte nichts kosten. Mach mich frei von meinen Schuldgefühlen und versprich mir eine Rechtfertigung, die ich nie mehr verlieren werde. Aber verlange bitte nicht, daß ich mit irgend etwas aufhöre in meinem Leben. Ich möchte meine Freiheit behalten; keine Gehorsamsaufrufe, bitte!« Die Menschen sagen es vielleicht nicht so wörtlich, aber sie leben danach. Und so haben wir eine butterweiche »billige Gnade« erfunden, auf der sich kein gottgefälliges Leben aufbauen läßt – ein Scheinevangelium, das dem Geist der Gesetzlosigkeit in unserem Land ja nicht weh tun will.

Sie sagen vielleicht: »Ich verstehe das nicht, diese ganzen Lehren aus der Bibel. Gnade, Rechtfertigung, Heiligung – ich komme da nicht mit.« Aber Gott hat uns etwas ganz Einfaches gesagt, das jeder verstehen kann: »Gott widersteht den Hochmütigen, aber den Demütigen gibt er Gnade« (Jak 4,6). Wenn Sie hochmütig und stolz sind – besonders, wenn Sie sich für frömmer als andere halten –, können Sie sicher sein, daß Gott Sie von Ihrem Sockel herunterholen wird: Er hat gesagt, daß er sich gegen Sie stellen wird.

Aber über den Demütigen schüttet Gott seine Gnade aus. Sie brauchen sich nicht den Kopf zu zerbrechen, wie Sie diese Gnade bekommen; Jakobus 4,6 sagt, daß Gott sie Ihnen einfach geben wird! Das Wort »demütig« bedeutet hier »innerlich zerbrochen, bußfertig«. Es ist ein Gefühl der Leere, Hilflosigkeit und völligen Bedürftigkeit. Sie brauchen kein Experte in christlichen Lehren zu sein, um demütig vor Gott zu sein, Sie brauchen sich nicht zu fragen, ob Sie auch alles richtig machen. Gott sagt: »Bleibe so zerbrochen, so hilfsbedürftig, so hungrig und durstig, und ich gebe dir alle Gnade, die du brauchst.«

»So seid nun Gott untertan« (Jak 4,7). Während die gottlose Welt schreit: »Gebt mir meine Rechte, laßt mich mein eigenes Leben leben«, sind Gottes Leute ihm untertan. Wir rufen: »Nicht mein Wille oder meine Rechte, Gott, sondern deine!«

Wenn Ihr Herz unruhig geworden ist bei dieser Predigt, dann ist dies ein gutes Zeichen: Gott legt den Finger auf irgendeinen Hochmut in Ihrem Leben. Können Sie über Ihre eigenen Heuchelei- und Gesetzlichkeitsspielchen lachen? Dann können Sie den Teufel aus Ihrer Seele hinauslachen. Können Sie die folgenden Sätze nachsprechen?

> All meine Gerechtigkeit und Gutsein sind ohne das Blut Christi in Gottes Augen schmutzige Lumpen. Aber durch das Blut Christi sind alle meine Werke, mein Gehorsam, meine Treue wie ein duftendes Parfüm für Gott.

Das ist wahrer Eifer für Gott!

Vom gleichen Autor sind bereits folgende Bücher in unserem Verlag erschienen:

David Wilkerson:
Hungrig nach mehr von Jesus
Best.-Nr. 326.991
Dies ist der leidenschaftliche Aufruf nach einem größeren Tiefgang in der Nachfolge Jesu Christi. Es ist die Aufforderung, über die Sünde zu weinen, anstatt sie zu akzeptieren und sich von den vergänglichen Freuden dieser Welt entschieden abzuwenden. Für Menschen bestimmt, die Christus besser kennenlernen wollen.

David Wilkerson:
Laß die Posaune erschallen
Best.-Nr 326.939
Hier finden Sie alles, was Sie über Ehe und Ehescheidung, Rockmusik und christliche Lebenshaltung, Fernsehen und Fernsehevangelisation, Wohlstandsevangelium und v. a. m. wissen sollten.

In Vorbereitung

David Wilkerson:
Erweckung auf dem Broadway, Band 2
Best.-Nr. 326.827
Erscheint im Frühjahr 1999.

Weitere Veröffentlichungen aus dem Verlag C. M. Fliß:

Paul Estabrooks:
Entdecke die Geheimnisse geistlichen Erfolgs
Best.-Nr. 326.817
Fortschritt im Christenleben muß für Sie kein Geheimnis bleiben.

Frank Bartleman: **Feuer fällt in Los Angeles**
Best.-Nr. 326.912
Ein Augenzeuge berichtet über die große Erweckung in der Azusa-Straße 1912.

Juan Carlos Ortiz: **Gott ist näher als du denkst**
Best.-Nr. 326.996
Gott ist uns immer nah, auch wenn wir uns manchmal nicht danach fühlen und meinen, er wäre meilenweit entfernt.

Jack Hywel-Davies: **Mit Feuer getauft**
Best.-Nr. 326.949
Hywel-Davies zeichnet das Leben Smith Wigglesworths nach, das von einer Urwüchsigkeit und unkomplizierten Gesinnung geprägt war.

Judson Cornwall:
Das Geheimnis des Sieges – biblischer Glaube
Best.-Nr. 326.936
Der Glaube ist keine magische Zauberformel, die man richtig anwenden muß. Entdecken Sie die Bedeutung wahren biblischen Glaubens.

Wolfgang Wegert: **Die neue Perspektive: Alles ist dein**
Best.-Nr. 326.978
Alles, wonach wir uns sehnen, ist uns in Christus bereits geschenkt. Deshalb gibt es auch keinen Grund mehr für Verzagtheit, Resignation, Verzweiflung und Depression.

Wir informieren Sie gern über unser Gesamtprogramm.
Postkarte genügt:
Verlag C. M. Fliß, Postfach 61 04 70, 22424 Hamburg
Tel. 040 / 58 64 92, Fax 040 / 58 37 04